イラスト & 図解

イチバンやさしい
簿記
入門

簿記の教室メイプル代表
南 伸一・著
オキ エイコ・絵

西東社

はじめに

　仕事というものは、その内容をしっかり理解して臨めば自信ももてるし、楽しいものでもあるものです。経理の仕事であれば、内容を理解して進めて行くために必要な知識は「簿記」です！

　簿記というと、数字がたくさん出てきて難しそう…というイメージもあるかもしれませんが、簿記にはちゃんと、「このような理由があるからこのような結果になる！」というストーリーがあります。なので、無理やり暗記するようなものではなく、しっかりと理解しながら勉強するのが大事です。

　簿記の知識を身に付けるには、まずは簿記の基本的な仕組みを理解することです。基本的な仕組みが理解できたら、経理の仕事などを通じて繰り返し簿記にふれることによって、簿記の知識を定着させることができます。

　簿記の知識は経理の仕事に役立つだけではなく、その先にも道が続いています。会社の財政状態や経営成績を理解することができるということは、会社のマネジメントにも通用する能力が身に付くことになるので、ゆくゆくは経理部長や取締役というポジションになれる可能性もあります。簿記がおもしろいと感じたのであれば、税理士や公認会計士といった簿記会計のスペシャリストへの道も開けてきます。

　簿記の知識は、あなたの人生を変えてくれるだけの大きな力をもっています。大きな夢や目標を叶えるための第一歩として、本書が皆様のお役に立てば幸いです。

簿記の教室メイプル代表
南 伸一

本書の特長

　本書では、初めて簿記を学ぶ人でもわかりやすいよう、豊富な図解と丁寧な解説を方針としています。特に、簿記の重要な内容である仕訳について、図解を含めた細やかな説明している点も本書の大きな特長です。

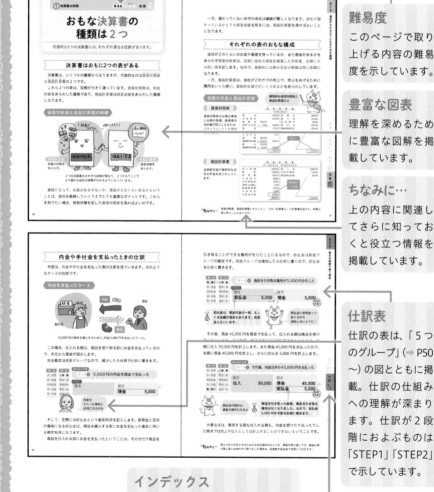

難易度
このページで取り上げる内容の難易度を示しています。

豊富な図表
理解を深めるために豊富な図解を掲載しています。

ちなみに…
上の内容に関連してさらに知っておくと役立つ情報を掲載しています。

仕訳表
仕訳の表は、「5つのグループ」（→ P50～）の図とともに掲載。仕訳の仕組みへの理解が深まります。仕訳が2段階におよぶものは「STEP1」「STEP2」で示しています。

インデックス
基本、仕訳、勘定、決算のどのブロックの内容なのかをあらわします。

その **1**

簿記ができると メリットたくさん

簿記という言葉は知っていても、内容やメリットをイメージできない人は多いもの。ここでは、簿記のメリットについて見ていきましょう。

5

たしかに簿記は
とっつきにくい
イメージがあるかもね…

でも、簿記は会社に
とって
必要な知識！

会社運営は簿記があってこそ
といっても過言じゃない！
いわば、経理は会社の
縁の下の力持ち！

簿記を学べばこんなに
たくさんメリットが！

❶ 経済がわかるようになる

❷ ビジネスセンスが身に付く

❸ 会社経営の力も身に付く

**会社経営の力って…
そんな大げさな！**

いやいや！
経営状態を把握する
ために、経営陣は
ほとんどが簿記の
知識をもってるよ

あはは

簿記の知識さえあれば、
相手先の経営状態だって
知ることができるんだ

簿記は
ビジネスの
真髄

簿記の歴史は古く、
ローマ時代までさかのぼる
それだけ昔から
重要な学問なんだよ

剣　5000
盾　3000
ワイン　400

会社のことが理解できる経理の仕事

　企業の中には会社のことや数字のことを学ばせるために、新入社員の全員を数年間経理に配属するところもあります。会社で行われた取引のすべてを記録する経理は、会社のことを理解するには絶好の職種といえるのです。専門性も高く、会社にとっては長く働いてもらいたい人材となるので、リストラされにくい職種でもあります。

その2 簿記と家計簿の違いって?

会社で行われる簿記は、家計簿の会社版ととらえることもできますが、
その基本的な仕組みやルールは、ずいぶんと違ってきます。

会社の取引をすべて書く!

　家計簿の場合は、何にお金を使ったのかを書き記すのがメインになります。つまり、お金についての視点がメインになってきます。一方、会社で使われている簿記では、お金の動きはもとより、自社で販売する商品の増減や、土地や建物の売り買い、お金をもらうことになっている約束などについても細かに記録していきます。

その3 簿記のゴールは決算書を作ること

世の中に簿記が必要ない会社はありません。売上にかかわらず、会社は決算書という成績表を作成しなければならないからです。

会社の内情がわかる決算書

　決算書は会社にとってなくてはならない大事な書類になります。会社の経営者や銀行もそうですが、その会社の取引先や、会社に投資している株主などにとっても、会社の状況を知ることのできる唯一の書類だからです。いくら立派な社屋を構えていても、メディアでよく取り上げられる会社であっても、本当の会社の内情は、決算書でしか判断できないのです。

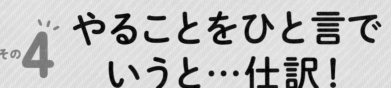

その4 やることをひと言で いうと…仕訳！

簿記では、仕訳がとても重要です。仕訳ができるようになれば、
簿記をほぼマスターしたといってもよいほどです。

簿記のカギは5つのグループ

　仕訳は、日々の会社の取引が後でわかるように記録することをいいます。そして、ゴールである決算書を作成するためには、仕訳のルールにもとづいて記録していく必要があります。このルールのカギが、資産、負債、純資産、収益、費用という5つのグループにあります。取引がこれらのグループのどれに属するのか、判別できることも重要です。

その5 簿記の流れを知ろう！

会社で行われる簿記には、始まりと終わりがあります。
簿記のゴールはどのようなものか、大きな流れを見ていきましょう。

簿記では大きな流れを理解しておく

　仕訳から決算書が完成するまでが簿記の大きな流れといえます。仕訳を行って、決算書を作成するためには、まず仕訳を同じ項目ごとにまとめた勘定に転記し、勘定を試算表という決算書を作る前段階となる表にまとめ、最後にいくつかの決算書の書類を完成させていきます。この大きな流れを理解して、仕訳を行うことが大事です。

もくじ

プロローグ

まず知っておきたい！
簿記の５つのコト ••••• 4〜15

第1章

簿記がわかるように
なるための基礎 ••••• 21〜43

第2章

記録のルールと勘定科目

45〜81

第3章

毎日の実務で使う簿記

83〜127

第4章

毎月の実務で使う簿記

129〜171

第 5 章

毎年の実務で使う簿記

5

※本書は特に明記しない限り、2021 年
1 月現在の情報にもとづいています。

第1章

簿記がわかるように
なるための基礎

簿記は、決算書を作るまでが一連の流れになります。
簿記がどのように使われているのか、またゴールで
ある決算書が完成するまでの流れと仕組みを、まず
は見ていきましょう。

① 簿記って何？　　難易度 ★☆☆　基本

家計簿と簿記って何が違う？

簿記には単式簿記と複式簿記があり、会社では複式簿記が使われます。

お小遣い帳や家計簿も簿記のなかま

　簿記という言葉は「帳簿記録」の略を指し、子どもの頃につけていたお小遣い帳や、家計を管理するために記録する家計簿なども、広い意味で簿記のひとつといえます。

・さまざまな簿記・

単式簿記と複式簿記とで方法の違いはあっても、お金を記録するのが簿記です。

単式簿記　　複式簿記　　単式簿記

　ただし、お小遣い帳や家計簿は、会社で行う簿記とは決定的に異なるところがあります。それは、お小遣い帳や家計簿といった帳簿は、あくまでも現金の増減しか記録しないという点です。

　例えば、家計簿をつける際には、現金の増減や残高は記録しますが、モノの増減や残高までは記録しません。例えば、「もともと冷蔵庫に大根が１本あって、今日新たに大根を２本買ってきた結果、大根が３本になった」なんてことまでは書かないものです。

　このように１つの項目、一般的には現金の増減しか記録しない簿記のことを単式簿記といいます。

一方、会社での簿記は、現金だけでなく**商品や借入金の増減も記録し**ますし、売上や給料がいくら発生したのかもとらえていきます。

このように、**現金以外の増減もとらえていく**簿記のことを、複式簿記といいます。

単式簿記と複式簿記の違い

単式簿記（家計簿）

単式簿記を代表する家計簿は、お金がいくら入ってきて、いくら出ていったかを記録するものです。

○○年5月　家計簿

●収入

父	母	収入合計
200,000	200,000	400,000

●支出

日付	食費	日用品費	教育費	娯楽費	特別費	支出合計
1	3,500	600			2,500	6,600
2						0
3	5,500	1,300		1,500		8,300
4			5,000			5,000
5	3,000	500				3,500
6				2,000		2,000
7						0
8	4,500	800				5,300
9						0
10			15,000			15,000
11	5,000	1,000		1,500		7,500
12						0
13					3,500	3,500
14	5,500	1,300		1,500		8,300
15					400	400

複式簿記は、
1つの取引を
2つの要素に分解して、
取引の記録を行う
方法ともいえるよ

複式簿記（会社の簿記）

会社で使う複式簿記はお金の出入だけでなく、取引すべてを記録するものです。

仕 訳 帳

○年		摘　　　要	元丁	借　方	貸　方
5	15	（現　　　　金）	1	30,000	
		（受 取 手 数 料）			30,000
		手数料の受け取り			
	18	諸　　口　（借 入 金）	12		200,000
		（支 払 利 息）		5,000	
		（現　　　　金）	1	195,000	
		大宮銀行からの借り入れ			

複式簿記の方には
見なれない言葉も
あるわね

基本

仕訳

勘定

決算

一般的な経理業務の 1か月のスケジュール

経理業務は、1か月単位で行うのが基本になります。

月間単位で行われる経理業務

　中小企業などでは、一般的に年に1回だけ税務署などの外部に1年間の経営の結果を報告すれば大丈夫です。しかし、大半の会社では、社内の管理資料として用いるために、1か月単位で経理業務をこなしてい

・1か月の経理業務スケジュール例・

| 1日 | 2日 | 3日 | 4日 | 5日 | 6日 | 7日 | 8日 | 9日 | 10日 | 11日 | 12日 | 13日 | 14日 | 15日 |

売上計算

売上は会社にとってすごく大事だよ

税金の納付

給料締め日

月初　　　　　　　　　　　　　　　　月中

月初　売上の集計

請求書です

月初の数日間で、前月に得意先へ出した請求書を集めて、売上の計上を行います。

月初　経費の処理

領収書です

前月分の得意先からの請求書や、領収書を各部署から集めて、仕入や経費の処理を行います。

くのがふつうです。会社や業種業態によっても違いはありますが、一例をあげると下の図のようになります。

　まずは、月のアタマである月初からの経理業務。**売上の集計**がまずやらなければならない業務です。取引先に出した請求書を整理し、集計作業を行います。また、社員が経費を立替えて支払っていることもあるので、経費の**立替精算**もこの時期に行います。

　売上と経費の計算が終わると、**給与計算**、そして**月次決算**の準備を月中に行います。月末には、月次決算業務に加えて**仕入**や**経費**の支払いの処理などを行います。

月末　支払いの処理・入金のチェック

売上計上した分が、ちゃんと入金されたかも確認し、その結果を記録します。

16日　17日　18日　19日　20日　21日　22日　23日　24日　25日　26日　27日　28日　29日　30日

税金や社会保険料も計算していくよ

給料日

●月中●　　　　　　　　　　　　●月末●

月中　給与の計算

人事部で給与計算を行って、その結果を経理が入力することもあれば、経理ですべて行う会社もあります。

月中　月次決算の準備

月次決算のための処理をします。くわしくは第4章（➡ P150～）で説明していきます。

基本

仕訳 ↑↓

勘定

決算

ちなみに…　会社の経理の仕事は毎月やることが決まっています。一般的には、月初と月末に仕事量が増えることが多いです。

業種によって簿記の種類は変わる？

簿記には、基本の商業簿記に加えてさまざまな種類があります。

代表的な簿記は商業簿記

　簿記には、業種に応じてさまざまな種類があります。もっとも一般的なのは商業簿記です。商業簿記は、完成した商品をそのまま販売するような業種のための簿記になります。

　商業簿記は、卸売業や小売業といった業種で基礎となるものであり、サービス業など幅広い業種でも用いられています。

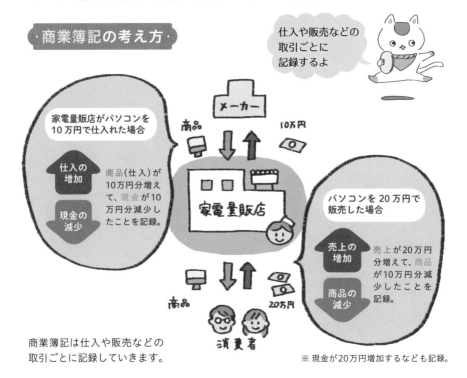

・商業簿記の考え方・

仕入や販売などの取引ごとに記録するよ

家電量販店がパソコンを10万円で仕入れた場合

仕入の増加　商品（仕入）が10万円分増えて、現金が10万円分減少したことを記録。

現金の減少

メーカー

商品　10万円

家電量販店

パソコンを20万円で販売した場合

売上の増加　売上が20万円分増えて、商品が10万円分減少したことを記録。

商品の減少

商品　20万円

消費者

商業簿記は仕入や販売などの取引ごとに記録していきます。

※ 現金が20万円増加するなども記録。

商業簿記以外の簿記もある

　商業簿記以外の処理が必要な業種として、まずメーカーなどの製造業をあげることができます。製造業の特徴は、小売業などと違って自社で製品を製造することにあります。

　そのため、1つの製品を作るために、**いくら材料費や人件費などの経費がかかったのかを計算する必要があります。** この計算を行うために、**工業簿記**があるのです。

商業簿記と工業簿記の違い

商業簿記以外の簿記であっても、基礎は商業簿記がベースになるよ

商業簿記

完成した商品を販売するなど、自社で製造することなく、商売を行っているような会社が用いる簿記です。

工業簿記

メーカーなどの製造業が採用する簿記です。正しい利益の計算をするため、製品を作るのにかかった原価の計算を行うのが特徴です。原価は製品を作るための材料費、人件費、光熱費などの経費からなります。

　また、建設業ではビルや建物の建設を行うため特別な処理が必要になったりと、業界の事情によって特別な簿記が存在するのです。

業種の特性に合わせて簿記も違ってくるのね

ちなみに… 業種や業界によってさまざまな簿記がありますが、簿記の基本的な考え方が大きく変わるということはありません。

決算書を作成することが簿記のゴール

簿記の最終的な目的は、会社の経営状態を知ることにあります。

会社の状態を報告するのが決算書

会社は、経営の状態を数字で明らかにする必要があります。そのための書類が決算書であり、決算書を見ることによって、その会社が儲かっているか、それとも倒産しそうなのか、すべてがわかります。取引を記帳するのに必要な簿記は、決算書を作成するのに絶対に必要なものであり、決算書は簿記の最後のゴールになるものといえます。

決算書は
1年もかけて
できるのね

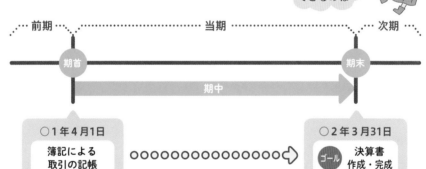

・会社で決算書が完成するまでの流れ・

前期　　　　　　　　当期　　　　　　　　次期

期首　　　　　　　　　　　　　　　　　　期末

期中

○1年4月1日
簿記による
取引の記帳

○2年3月31日
ゴール　決算書
作成・完成

さまざまな人が見る決算書

簿記の結果を報告する相手が、社長や役員、部長といった社内の人たちだけであれば、決算書のルールや形式はそれぞれの会社ごとでよいかもしれません。

　しかし、**報告する相手は社内だけにとどまりません**。例えば、税務署であれば、利益にもとづいて計算された税金の計算に偽りや間違いがないか確認するため、会社に決算書の提出を求めています。

　銀行から借金をする際にも決算書は必要です。お金を貸す側からすると、お金を貸してもちゃんと返してもらえるだけの財産があるか、利益が稼ぎ出されているのかを、決算書から判断するのです。

・決算書を必要とする人たち・

会社の経営陣

社外の関係者など

銀行　BANK

税務署

取引先

株主

株主総会

作成された決算書にもとづいて、会社経営を行うのよね。つまり、経営で欠かせない資料ってことね

株式を上場している大企業は、投資家が株式を購入する判断材料として、決算書を明らかにする義務があるよ

　たくさんの人たちに見てもらうため、決算書にはいくつかの種類が定められていて、それぞれの形式も決められているのです。

　なお、決算書は**財務諸表**といったり、**計算書類**といったりすることもあります。これらは厳密には違いもあるのですが、大まかなイメージとして、**決算書・財務諸表・計算書類は同じもの**と考えてよいでしょう。

基本

仕訳

勘定

決算

ちなみに…　決算書は、過去数期分の提出を求められることも多いものです。なので、経理ではすぐに提出できるように管理しておく必要があります。

おもな決算書の種類は2つ

代表的な2つの決算書には、それぞれ異なる性質があります。

決算書はおもに2つの表がある

　決算書は、いくつかの書類からなりますが、代表的なのは貸借対照表と損益計算書の2つです。

　これら2つの表は、役割が大きく違っています。貸借対照表は、財政状態をあらわした書類であり、損益計算書は経営成績をあらわした書類になります。

·貸借対照表と損益計算書の特徴·

貸借対照表
財務の状態をあらわす。

損益計算書
経営成績をあらわす。

2つの決算書はそれぞれ役割が異なり、2つそろうことでより細かな会社の情報がわかるようになっています。

　会社にとって、お金があるかないか、借金がどのくらいあるかということは、会社を継続していくうえでとても重要なポイントです。これらを知りたい場合、財政状態を記した貸借対照表を見ればよいのです。

一方、儲かっていない赤字の会社は継続が難しくなります。**会社が儲かっているかどうか経営成績を知るには、損益計算書を見ればよいこと**になります。

それぞれの表のおもな構成

会社がどのくらいのお金や資産を持っているか、また借金があるかをあらわす貸借対照表は、**右側に会社の資金を調達した手段を、左側にその使い道を記します。なので、最終的には表の左右の数値は同じ金額に**なります。

一方、**損益計算書**は、会社がどれだけの売上で、売上をあげるために費用をいくら使い、**最終的な儲けがいくらあるか**をあらわしています。

・貸借対照表と損益計算書・

簡易的な貸借対照表と損益計算書だよ

貸借対照表

貸借対照表は左側の資産と右側の負債、純資産の合計額が同じになるため、バランスシートとも呼ばれています。

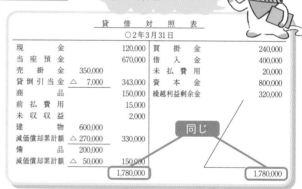

貸　借　対　照　表			
○2年3月31日			
現　　　　　金	120,000	買　掛　金	240,000
当 座 預 金	670,000	借　入　金	400,000
売　掛　金　350,000		未 払 費 用	20,000
貸倒引当金 △ 7,000	343,000	資　本　金	800,000
商　　　　　品	150,000	繰越利益剰余金	320,000
前 払 費 用	15,000		
未 収 収 益	2,000		
建　　　　　物　600,000			
減価償却累計額 △ 270,000	330,000		
備　　　　　品　200,000			
減価償却累計額 △ 50,000	150,000		
	1,780,000		1,780,000

同じ

損益計算書

当期純利益が最終的な会社の利益をあらわしています。

損　益　計　算　書			
自○1年4月1日　至○2年3月31日			
売 上 原 価	1,220,000	売　上　高	1,660,000
給　　　　　料	240,000	受 取 手 数 料	150,000
営　業　費	120,000	固定資産売却益	40,000
支 払 地 代	60,000		
支 払 保 険 料	30,000		
貸倒引当金繰入	5,000		
減 価 償 却 費	43,000		
支 払 利 息	12,000		
当 期 純 利 益	120,000		
	1,850,000		1,850,000

最終的な利益

ちなみに…　貸借対照表、損益計算書にキャッシュ・フロー計算書という計算書を加えて、財務3表と呼ぶこともあります。

決算書ができるまでの大きな流れ

簿記には、大きくは5段階の流れがあるので知っておきましょう。

スタートは仕訳すること

　会社で行われた取引を帳簿に記録し続けていった結果、決算書ができるわけですが、そこに至るまでにはさまざまな流れがあります。

　まず、会社で行われた取引を「仕訳」という形で帳簿に記録します。このとき、それぞれの取引を簿記のルールにのっとった項目に分けて記録していきます。

　なお、仕訳を記入するための帳簿のことを仕訳帳といい、次のようなフォームの表になります。

・仕訳帳の一例・

次ページⒶへ

仕 訳 帳

○年		摘　　　　要		元丁	借　方	貸　方
5	15	（現　　　金）		1	30,000	
			（受取手数料）			30,000
		手数料の受け取り				
	18	諸　　口　（借　入　金）		12		200,000
		（支 払 利 息）			5,000	
		（現　　　金）		1	195,000	
		大宮銀行からの借り入れ				

「摘要」に取引の項目（現金、借入金などの項目）を記して、その取引で生じた金額も記録していきます。

次ページⒷへ

　次に、仕訳を「勘定」という項目ごとにそれぞれ転記（書き写す）していきます。ここでは、現金の勘定に注目してみましょう。例えば現金の総勘定元帳は次のような表になります。

·総勘定元帳の一例·

	総 勘 定 元 帳							
				現 金				
○年	摘 要	仕丁	借 方	○年	摘	要	仕丁	貸 方
5 15	受取手数料	5	Ⓐ 30,000					
18	借 入 金	〃	Ⓑ195,000					

取引の項目ごとにまとめていき、最後に項目ごとの金額を集計していきます。

試算表から最終ゴールへ

　勘定の集計ができたら、「試算表」という表を作成します。勘定で集計した、それぞれの項目ごとの金額を記入していきます。

·試算表の一例·

		合 計 残 高 試 算 表			
借方残高	借方合計	勘定科目		貸方合計	貸方残高
80,000	570,000	現	金	490,000	
130,000	250,000	売 掛 金		120,000	
80,000	250,000	商	品	170,000	
200,000	200,000	備	品		
	180,000	買 掛 金		250,000	70,000
	50,000	借 入 金		150,000	100,000
		資 本 金		250,000	250,000
		繰越利益剰余金		50,000	50,000
		売	上	80,000	80,000
40,000	40,000	給	料		
15,000	15,000	水 道 光 熱 費			
5,000	5,000	支 払 利 息			
550,000	1,560,000			1,560,000	550,000

勘定で集計したそれぞれの項目ごとの金額を、この表に記入していきます。

具体的な表の見方は後でまた説明するからね

　この試算表から、貸借対照表、損益計算書を作成します。以上の流れを図であらわすと以下のようになります。

　最近は会計ソフトで取引だけ入力したら、後は自動的に決算書作成してくれますが、この流れ自体は押さえておきましょう。

ちなみに…　仕訳帳も総勘定元帳も上記で紹介したフォームと異なることもありますが、考え方に違いはありません。

基本

仕訳
↑…↓

勘定

決算

すべての始まりは 取引から

会社が儲けを出すための活動を行えば、必ず取引が発生します。

簿記での取引はさまざま

　簿記でいうところの「取引」は、私たちが日常生活で使っている「取引」という言葉とほぼ同じです。もっとかんたんな言葉でいうと、何かしらのやり取りをすることです。

・取引の具体例・

備品購入

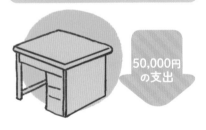

50,000円の支出

会社で使う机などの備品を、50,000円を支払って買ってきた場合。

商品販売

1,000円の収入

得意先に商品を1,000円で販売し、代金を受け取った場合。

給料支払い

200,000円の支出

従業員に対し給料200,000円を現金で支払った場合。給料の支払いも取引のひとつです。

会社にとっては給料も経費（コスト）ってことね

災害も取引になる?

お金やモノ以外でも、簿記では取引になります。例えば、次のようなケースです。

・お金やモノ以外の変わった取引・

盗難被害

300,000円の減少

倉庫に泥棒が入り、商品 300,000 円分が盗まれた場合。

火災被害

10,000,000円の減少

火災が発生して、10,000,000 円の会社の所有する建物が全焼した場合。

保険金入金

200,000円の収入

火災や盗難はもちろん、会社の営業車やトラックの事故など、災害などで保険金が入る場合も取引です。

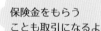

保険金をもらうことも取引になるよ

このように、一般の感覚では取引とは思えないようなことも、簿記では取引に含めます。**商品や建物は、会社にとってお金であらわすことのできる財産であり、それが増減したらすべて記録する必要があるのです。**

一般的には、取引先などと契約を交わすことなども「取引を交わす」などという表現が使われるように「取引」として考えるかもしれませんが、簿記上は違います。**契約を交わした段階では、まだ財産の増減はありませんので、「取引」には含まないのです。**

ちなみに… 取引については、少しややこしい内容もありますが、厳密に理解する必要はありません。大事なことは、仕訳ができるようになることです。

取引内容を記録する 仕訳が簿記のキモ

仕訳は大事な作業なので、正しく行えるようになることが大事です。

ルールにのっとって取引を仕訳する

会社で取引が発生したら、仕訳帳（→ P32）と呼ばれる帳簿に取引の内容を「仕訳」という形で記録していきます。

くわしい仕訳の書き方は次の章で解説しますので、ここでは、「こんな感じで書きます」ということだけ紹介しておきます。

例えば、先ほどの取引で次のようなものがありました。

事例 ❶

「会社で使う机などを、現金 50,000 円を支払って買ってきた」

仕訳すると、次のようになります。

借方		貸方	
備品	50,000	現金	50,000

机やイスは、会社で使うものですから、仕訳する際の項目としては「備品」になります。ここでは、仕訳とは項目と金額を記入するものであることがわかれば十分です。

また、簿記では左側を「借方」、右側を「貸方」といいます。お金の貸し借りのイメージをもつ人も多いですが、意味は特にありません（本書では左側、右側とあらわします）。

大事なポイントは、仕訳は必ず左側と右側がセット（同じ金額）になっていることです。この点だけは、しっかりと押さえておきましょう。

正しく仕訳できることが重要

別の取引も見てみましょう。

事例❷
「従業員に今月の給料 200,000 円を現金で支払った」

仕訳では次のように、取引で出てくる「給料」と「現金」という項目を記入します。

借方		貸方	
給料	200,000	現金	200,000

今度は、取引で現金が出てこない事例です。

事例❸
「得意先に商品を 100,000 円で販売し、
　　代金は後日、受け取ることにした」

借方		貸方	
売掛金	100,000	売上	100,000

「売掛金」という言葉は聞きなれないかもしれませんが、お金をもらう権利のようなものです（➡ P68）。商品を売れば会社の売上になるので、「売上」という項目も出てきます。

つまり仕訳とは、取引を横 1 行であらわしたもの、といえます。このように、会社で行われた取引を仕訳という形に置き換えて、整理・集計していくのです。

仕訳は簿記のキモになるところですから、正しい仕訳を行えることが簿記ではとても重要なことになります。

これから少しずつ
仕訳を練習して、
慣れていけばいいよ！

ちなみに…　「経理の仕事は仕訳を行うこと！」といっても過言ではありません。なので、仕訳は必ずできるようになる必要があります。

仕訳の内容を整理したものが勘定！

仕訳を行った後の、勘定の記入方法を見ていきましょう。

T字型の勘定のフォーム

　仕訳を行ったら、今度はこれを項目ごとに整理するために、勘定と呼ばれる表に書き写していきます（簿記では「転記」といいます）。基本的に勘定はアルファベットのT字型をしており、その上に項目の名称（例えば現金）を付けます。

・勘定の一例・

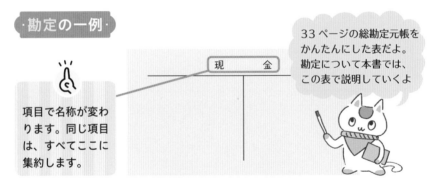

33ページの総勘定元帳をかんたんにした表だよ。勘定について本書では、この表で説明していくよ

現　　金

項目で名称が変わります。同じ項目は、すべてここに集約します。

　なお、勘定に対して、勘定を集めた総勘定元帳（➡ P33）という帳簿もありますが、ここでは上の表を覚えておけば十分です。

仕訳を勘定に書き写していく

　「現金」の勘定を作成するには、仕訳で左側に現金と書いたものを、勘定の左側に書き写し、仕訳で右側に現金と書いたものは、勘定の右側に書き写します。前のページで取り上げた3つの仕訳を、現金の勘定に書き写してみましょう。

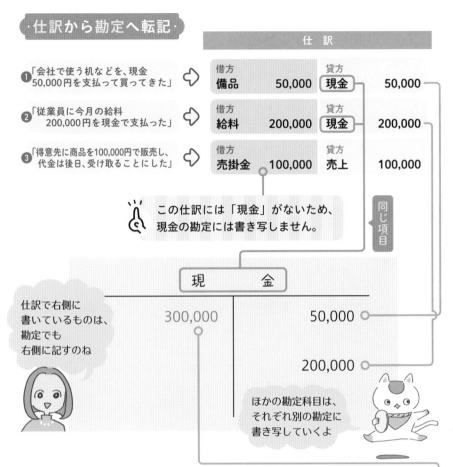

・仕訳から勘定へ転記・

仕 訳

❶「会社で使う机などを、現金 50,000円を支払って買ってきた」
⇨ 借方 **備品** 50,000 　貸方 **現金** 50,000

❷「従業員に今月の給料 200,000円を現金で支払った」
⇨ 借方 **給料** 200,000 　貸方 **現金** 200,000

❸「得意先に商品を100,000円で販売し、代金は後日、受け取ることにした」
⇨ 借方 **売掛金** 100,000 　貸方 **売上** 100,000

この仕訳には「現金」がないため、現金の勘定には書き写しません。

同じ項目

現 金

300,000　　　　　　　　50,000

200,000

仕訳で右側に書いているものは、勘定でも右側に記すのね

ほかの勘定科目は、それぞれ別の勘定に書き写していくよ

　左側に現金はなく、右側に現金があるのは1つ目と2つ目だけなので、これを現金の勘定に書き写します。

　もしも次のような仕訳があれば、勘定の左側にも金額を書き込んでいきます。

「商品を売って、現金で 300,000円を受け取った」
⇨ 借方 **現金** 300,000 　貸方 **売上** 300,000

　このように、すべての仕訳は、最終的にそれぞれ該当する勘定に書き写していくことになります。

基本

仕訳 ↑↓

勘定

決算

試算表の作成
記録内容を一覧表にする

試算表は、決算書を作成する前の段階に作成するものです。

試算表には3つの種類がある

　決算書を作成する一定期間（1か月もしくは1年）が終わったら、勘定を集計して、試算表と呼ばれる表を作成します。

　試算表には合計試算表、残高試算表、合計残高試算表の3タイプがあります。

・試算表の種類・

合計試算表	各項目の左側と右側を別々に集計し、一覧表にしたもの。
残高試算表	各項目の残高（左側と右側の大きい方の合計から、小さい方の合計を引いた残りの金額）を集計し、一覧表にしたもの。
合計残高試算表	合計試算表と残高試算表を1つの表にしたもの。

記載されている情報が違うということだけわかっていればOK!

　試算表を作成することによって、試算表以前の作業に間違いがなかったかを確認することができたり、貸借対照表や損益計算書を作成するための下準備となります。

合計残高試算表の特徴

　ここでは、合計試算表と残高試算表の2つの試算表の要素が含まれる合計残高試算表について見てみましょう。

・合計残高試算表の一例・

合計残高試算表にもいろいろなフォームがあり、これは簡易的なものです。

合 計 残 高 試 算 表

借方残高	借方合計	勘定科目	貸方合計	貸方残高
80,000	570,000	現　　　金	490,000	
130,000	250,000	売　掛　金	120,000	
250,000	250,000	建　　　物		
200,000	200,000	備　　　品		
	180,000	未　払　金	250,000	70,000
	50,000	借　入　金	150,000	100,000
		資　本　金	250,000	250,000
		繰越利益剰余金	50,000	50,000
		売　　　上	250,000	250,000
40,000	40,000	給　　　料		
15,000	15,000	水 道 光 熱 費		
5,000	5,000	支 払 利 息		
720,000	1,560,000		1,560,000	720,000

表の両端の列の青色のブロックが、残高試算表の内容になります。

黄色のブロックが、合計試算表の内容になります。

合計試算表は、仕訳や転記のミスを探すときなどに役立つよ

青色のブロックの残高試算表の場合は、右側か左側かどちらかだけに金額が記入されるのね

　それぞれの一番下の数字は、その上にある金額を合計したものになります。上の表の場合、残高試算表のブロック（青色のブロック）である左右の金額は720,000円と、同じ金額になっています。

　また、合計試算表のブロック（黄色のブロック）である左右の金額も、1,560,000円と同じ金額になります。

試算表から作られる決算書

ここでは、貸借対照表と損益計算書について見ていきます。

貸借対照表を作成する

　試算表ができたら、簿記の最終ゴールである貸借対照表と損益計算書というおもな2つの決算書を作成します（→ P198）。そのためには、試算表（→ P40）から必要な情報だけを取り出します。

　貸借対照表は、財政状態をあらわすグループ（資産、負債、純資産）の項目だけを取り出してまとめます。

・貸借対照表の作成・

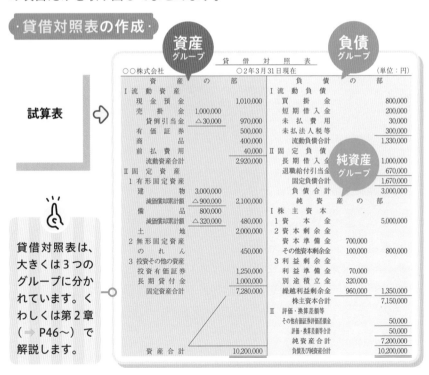

試算表

貸借対照表は、大きくは3つのグループに分かれています。くわしくは第2章（→ P46〜）で解説します。

資産グループ　**負債グループ**　**純資産グループ**

貸　借　対　照　表

○○株式会社　　　　　　　　　　○2年3月31日現在　　　　　　　　　　（単位：円）

資　産　の　部			負　債　の　部		
I 流動資産			I 流動負債		
現　金　預　金		1,010,000	買　掛　金		800,000
売　掛　金	1,000,000		短期借入金		200,000
貸倒引当金	△30,000	970,000	未　払　費　用		30,000
有　価　証　券		500,000	未払法人税等		300,000
商　品		400,000	流動負債合計		1,330,000
前　払　費　用		40,000	II 固定負債		
流動資産合計		2,920,000	長期借入金		1,000,000
II 固定資産			退職給付引当金		670,000
1 有形固定資産			固定負債合計		1,670,000
建　　　物	3,000,000		負債合計		3,000,000
減価償却累計額	△900,000	2,100,000	純　資　産　の　部		
備　品	800,000		I 株主資本		
減価償却累計額	△320,000	480,000	1 資　本　金		5,000,000
土　　　地		2,000,000	2 資本剰余金		
2 無形固定資産			資本準備金	700,000	
の　れ　ん		450,000	その他資本剰余金	100,000	800,000
3 投資その他の資産			3 利益剰余金		
投資有価証券		1,250,000	利益準備金	70,000	
長期貸付金		1,000,000	別途積立金	320,000	
固定資産合計		7,280,000	繰越利益剰余金	960,000	1,350,000
			株主資本合計		7,150,000
			II 評価・換算差額等		
			その他有価証券評価差額金		50,000
			評価・換算差額等合計		50,000
			純資産合計		7,200,000
資産合計		10,200,000	負債及び純資産合計		10,200,000

損益計算書を作成する

損益計算書を作成するには、経営成績をあらわすグループ（収益、費用）だけを取り出します。

損益計算書は、上から下にかけて計算していく構成になっているよ

・損益計算書の作成・

収益グループ

試算表

費用グループ

試算表から「収益」と「費用」の各グループに当てはまる項目を抜き出して、損益計算書を作成します。グループについては第2章（→P46〜）で説明します。

損　益　計　算　書

○○株式会社　　自○1年4月1日　至○2年3月31日　　（単位：円）

Ⅰ　売　　上　　高		10,000,000
Ⅱ　売　上　原　価		
1　期首商品棚卸高	500,000	
2　当期商品仕入高	7,500,000	
合　　　計	8,000,000	
3　期末商品棚卸高	400,000	7,600,000
売　上　総　利　益		2,400,000
Ⅲ　販売費及び一般管理費		
1　給　　　料	840,000	
2　水　道　光　熱　費	80,000	
3　保　　険　　料	120,000	
4　退　職　給　付　費　用	70,000	1,110,000
営　　業　　利　　益		1,290,000
Ⅳ　営　業　外　収　益		
1　有　価　証　券　評　価　益	40,000	40,000
Ⅴ　営　業　外　費　用		
1　支　　払　　利　　息	60,000	
2　有　価　証　券　売　却　損	180,000	240,000
経　　常　　利　　益		1,090,000
Ⅵ　特　　別　　利　　益		
1　固　定　資　産　売　却　益		400,000
Ⅶ　特　　別　　損　　失		
1　災　　害　　損　　失		490,000
税引前当期純利益		1,000,000
法人税、住民税及び事業税		300,000
当　期　純　利　益		700,000

以上の流れで、決算書ができあがりました。そして、これが会社で行われる簿記、すなわち経理業務の全貌ということになります。

2つの決算書で大事なことは、貸借対照表は**資産、負債、純資産**という**3つのグループ**からなり、損益計算書は、**収益、費用の2つのグループ**からなるということです。これら5つのグループを理解することも、簿記ではとても重要になってきますので、次の章からくわしく見ていくことにしましょう。

基本　仕訳　勘定　**決算**

いつかは経理部長へ！

　簿記の知識を習得して経理の仕事にも慣れてくると、任される仕事も増えていきます。そして、経理部でのポジションも上がっていき、最終的には経理部長に！　なんてこともあると思います。

　経理部長ともなると責任も大きくなるので、いろいろなスキルが求められます。簿記や経理業務のこと（例えば決算を組めるとか）や管理能力はもちろんですが、それ以外にも次のようなスキルも求められます。

◆税務申告ができるスキル

　小さな会社では税務申告は税理士にやってもらうことが多いですが、会社の規模が大きくなってくると経理部長が税務申告書を作成して、税務署などに提出することが多いです。なので、税金の知識も必要です。

◆予算を組めるスキル

　ある程度の規模の会社では翌年度の予算を作成したり、3年程度の中期経営計画を作成します。各事業部の予算などをとりまとめて、会社全体の予算などを作り上げるのは経理部長の業務です。なので、経理部長には予算を作り上げる力も求められます。

◆銀行交渉をするスキル

　銀行から資金の借入れを行う際に、銀行の担当者と交渉するのは、通常は経理部長です。なので、経理部長には銀行とのタフな交渉にも耐えられる能力が必要とされます。

　経理部長には大変なスキルや経験が求められますが、その分だけ高く評価されます。そのようなスキルや経験は一朝一夕に身に付くわけではありませんが、十分目指すべき価値のあるポジションといえます。

第2章

記録のルールと
勘定科目

簿記では、会社で日々行われている取引を記録することが、大変重要なことになります。これが仕訳であり、仕訳のルールをしっかりと知ることが簿記を理解する早道になります。

第2章 記録のルールと勘定科目を知ろう！

お金や、売ればお金になる「資産」グループ

資産のグループに含まれるものは、現金以外にもさまざまあります。

資産にもさまざまな種類がある

　資産のグループは**お金や売ればお金になる勘定科目**のことですが、そのほかにもお金をもらうことができる権利なども含まれます。

　例えば、おもな勘定項目は、次のようになります。

・資産グループの勘定科目・

お金そのものなど

現金　　預金

これら勘定科目は一例なんだって！

● そのほか ●
・小切手
・郵便為替証書

売ればお金になるもの

商品　　土地　　建物

● そのほか ●
・機械
・備品

手形などは、時が経てばお金に替えられるから資産になるんだよ

お金をもらうことができる権利

手形　　売掛金　　未収入金

● そのほか ●
・有価証券
・貸付金

貸借対照表では左側に記入

　会社は、このような資産をうまく使って利益を稼ぎ出すために、いろいろな活動を行います。例えば、会社の商品を売って利益を出したり、人にお金を払って働いてもらって利益を出したりと、資産は会社の利益の源泉となるものです。

　このように、会社経営でとても重要な資産（現金や預金など）は、決算書の財政状況をあらわす貸借対照表（→ P42）では左側に記載されます。資産グループの合計金額は、負債のグループと純資産のグループの合計金額と一致する点も大きな特徴なので、覚えておきましょう。

·貸借対照表での資産·

> 右側がお金をどのように集めたか、左側がそのお金をどのように使ったかを示した表なので、左右それぞれの合計金額は同じになるよ

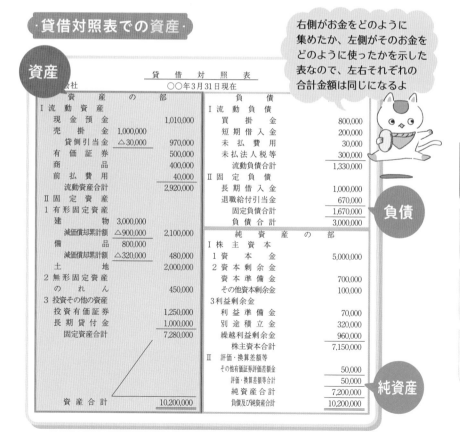

資産	**貸借対照表** ○○年3月31日現在		

資産の部

Ⅰ 流動資産		
現金預金		1,010,000
売掛金	1,000,000	
貸倒引当金	△30,000	970,000
有価証券		500,000
商品		400,000
前払費用		40,000
流動資産合計		2,920,000
Ⅱ 固定資産		
1 有形固定資産		
建物	3,000,000	
減価償却累計額	△900,000	2,100,000
備品	800,000	
減価償却累計額	△320,000	480,000
土地		2,000,000
2 無形固定資産		
のれん		450,000
3 投資その他の資産		
投資有価証券		1,250,000
長期貸付金		1,000,000
固定資産合計		7,280,000
資産合計		10,200,000

負債の部

Ⅰ 流動負債	
買掛金	800,000
短期借入金	200,000
未払費用	30,000
未払法人税等	300,000
流動負債合計	1,330,000
Ⅱ 固定負債	
長期借入金	1,000,000
退職給付引当金	670,000
固定負債合計	1,670,000
負債合計	3,000,000

純資産の部

Ⅰ 株主資本	
1 資本金	5,000,000
2 資本剰余金	
資本準備金	700,000
その他資本剰余金	100,000
3 利益剰余金	
利益準備金	70,000
別途積立金	320,000
繰越利益剰余金	960,000
株主資本合計	7,150,000
Ⅱ 評価・換算差額等	
その他有価証券評価差額金	50,000
評価・換算差額等合計	50,000
純資産合計	7,200,000
負債及び純資産合計	10,200,000

基本

仕訳 ↑↓
勘定
決算

ちなみに…　日常生活でも、「この車、資産価値があるよね！」なんて言い方をすることがありますが、資産価値があるということは、売ればお金になるということです。

借金やお金を支払う「負債」グループ

負債には、早く返済する負債と、長い期間で返済する負債があります。

将来的に誰かにお金を支払うものは負債

負債のグループは銀行からの借金（借入金）など、将来的にお金の支払いが必要となる勘定科目のことです。誰に対してお金を支払うかという視点で具体例をあげると、次のようになります。

・負債グループの勘定科目の種類・

銀　行

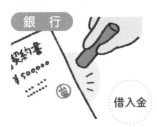

借入金

経費の支払先

未払金

預り金は、所得税などの会社が納税前に預かっているお金。社債は、お金を集めるために会社が発行するものだよ

商品の仕入先

買掛金

税務署や社会保険事務所

預り金

従業員

退職給付引当金

投資家

社債

ポピュラーで代表的な負債は、「借入金」になるでしょう。お金を後から支払わなければならないものは、すべて負債のグループになります。

　預り金や社債など、少し難しめの勘定科目もあげてみましたが、この段階では、会社はいろいろなところにお金を支払う必要がある、ということを知ってもらえれば十分です。

貸借対照表では右側の上部に記入

　負債のグループは、貸借対照表（→ P42）では右側に記載します。なお、1 年以内に支払う必要のある負債グループのことを流動負債といい、1 年を超えて支払うことになる負債グループのことを固定負債といいます。

·貸借対照表での負債·

負債

貸借対照表

楓株式会社　　　　　　　　　　〇〇年3月31日現在　　　　　　　　　（単位

資　産　の　部			負　債　の　部		
I 流 動 資 産			I 流 動 負 債		
現 金 預 金		1,010,000	買 　掛 　金		800,000
売 　掛 　金	1,000,000		短 期 借 入 金		200,000
貸倒引当金	△30,000	970,000	未 払 費 用		30,000
有 価 証 券		500,000	未 払 法 人 税 等		300,000
商 　　 　品		400,000	流動負債合計		1,330,000
前 払 費 用		40,000	II 固 定 負 債		
流動資産合計		2,920,000	長 期 借 入 金		1,000,000
II 固 定 資 産			退職給付引当金		670,000
1 有 形 固 定 資 産			固定負債合計		1,670,000
建 　　 　物	3,000,000		負 債 合 計		3,000,000
減価償却累計額	△900,000	2,100,000	純　資　産　の　部		
備 　　 　品	800,000		I 株 主 資 本		
減価償却累計額	△320,000	480,000	1 資 　本 　金		5,000,000
土 　　 　地		2,000,000	2 資 本 剰 余 金		
2 無 形 固 定 資 産			資 本 準 備 金		700,000
の 　れ 　ん		450,000	その他資本剰余金		100,000
3 投 資 そ の 他 の 資 産			3 利 益 剰 余 金		
投 資 有 価 証 券		1,250,000	利 益 準 備 金		70,000
長 期 貸 付 金		1,000,000	別 途 積 立 金		320,000
固定資産合計		7,280,000	繰越利益剰余金		960,000
			株主資本合計		7,150,000
			II 評 価・換 算 差 額		
			その他有価証券評価差額金		50,000
			評価・換算差額合計		50,000
			純 資 産 合 計		7,200,000
資 産 合 計		10,200,000	負債及び純資産合計		10,200,000

基本
仕訳
勘定
決算

流動負債も
固定負債も、
最後はお金を
返さなければ
ならないと
いう点では
一緒だよ

　負債を大きく分けると流動負債と固定負債に分けられ、固定負債は流動負債の下に記載します。

商売の元手や儲け「純資産」グループ

純資産に含まれるものは、資本金や繰越利益剰余金などです。

資本金は会社スタート時のお金

　純資産グループには、商売の元手やこれまでに稼ぎ出した利益を記載します。

　商売の元手のことを資本金といいます。中小企業などでは、通常、社長が自分のお金を出して会社を始めることが多いので、例えば自分の持っていた300万円を会社に出して会社を始めた場合、会社は資本金300万円と記録するのです。

・会社の設立と資本金・

目指すは株式上場！

やっぱりお金がなければ、商売は始まらないわよね

資本金
300万円

300万円出して
会社をスタート。

繰越利益剰余金は会社の貯金箱

　会社を続けていって、毎年利益が出ていれば、その利益は会社にたまっていくことになります。

　この稼ぎ出した利益のことを、繰越利益剰余金といい、会社をスタートしてから稼ぎ出した利益は繰越利益剰余金として蓄えられていくので、利益の貯金箱のようなイメージで考えるといいでしょう。

・会社が利益を生み出したケース・

繰越利益剰余金 1,000万円

繰越利益剰余金は使われて減少することもあるんだ。使われるケースには配当金などがあるよ

会社の利益1,000万円を蓄えました。

貸借対照表では右側の下部に記入

純資産のグループは、貸借対照表（➡ P42）の右側、そして負債のグループ（➡ P52）の下に記載します。

・貸借対照表での純資産・

繰越利益剰余金を減らす配当金は、稼ぎ出した利益の一部を株主に渡すことだよ

貸 借 対 照 表

楓株式会社　　　　　　　　　　　　○○年3月31日現在

資　産　の　部			負　債　の　部		
Ⅰ 流 動 資 産			Ⅰ 流 動 負 債		
現 金 預 金		1,010,000	買 掛 金		
売 掛 金	1,000,000		短 期 借 入 金		
貸倒引当金	△30,000	970,000	未 払 費 用		
有 価 証 券		500,000	未払法人税等		300,
商　　品		400,000	流動負債合計		1,330,000
前 払 費 用		40,000	Ⅱ 固 定 負 債		
流動資産合計		2,920,000	長 期 借 入 金		1,000,000
Ⅱ 固 定 資 産			退職給付引当金		670,000
1 有形固定資産			固定負債合計		1,670,000
建　　物	3,000,000		負 債 合 計		3,000,000
減価償却累計額	△900,000	2,100,000	純　資　産　の　部		
備　　品	800,000		Ⅰ 株 主 資 本		
減価償却累計額	△320,000	480,000	1 資 本 金		5,000,000
土　　地		2,000,000	2 資 本 剰 余 金		
2 無形固定資産			資 本 準 備 金		700,000
の れ ん		450,000	その他資本剰余金		100,000
3 投資その他の資産			3 利 益 剰 余 金		
投資有価証券		1,250,000	利 益 準 備 金		70,000
長 期 貸 付 金		1,000,000	別 途 積 立 金		320,000
固定資産合計		7,280,000	繰越利益剰余金		960,000
			株主資本合計		7,150,000
			Ⅱ 評価・換算差額等		
			その他有価証券評価差額金		50,000
			評価・換算差額等合計		50,000
			純 資 産 合 計		7,200,000
			負債及び純資産合計		10,200,000

純資産

まずは、純資産には資本金と繰越利益剰余金があると理解しておけばOKです。

ちなみに… もしも利益の貯金ではなく赤字が累積している場合は、繰越利益剰余金はマイナス表示することになります。

売上などの儲け「収益」グループ

収益は会社の業績を反映したものであり、損益計算書に記されます。

収益と利益は違う!

　収益のグループは、売上、受取利息などの儲けのグループです。収益は儲けであり、利益も儲けなのですが、両者の違いは収益は費用を引く前の儲けであって、利益は費用を引いた後の儲けという点です。

　そのため、利益と収益の関係は次にようになります。

利益＝収益－費用

　ちなみに、利益は収益のグループではないので注意しましょう。

　収益グループの勘定科目の代表は売上です。商品を販売したり、サービスを提供することによって得られる儲けです。

・売上が発生するケース・

売上
500円

商品を500円で販売。

収益である売上は
費用を引く前の
儲けなのね!

　収益としては売上以外に、受取利息、受取配当金、有価証券売却益などがあります。これらは会社の本業での儲けではなく、会社のお金を有効に使うために定期預金にしたり、株式投資などを行って得られた結果の儲けになります。

さらに、固定資産売却益などもあります。これは会社で使っていたパソコンや車などを売却して、儲けが出た場合などが当てはまります。

会社ではいくつかおもな収益の種類がありますが、収益グループの代表であり、収益グループの金額の大半を占めているのは売上になります。

損益計算書にある3つの収益

収益のグループは、決算書では損益計算書に記載し、売上は正式な損益計算書では一番上に書くことになっています。

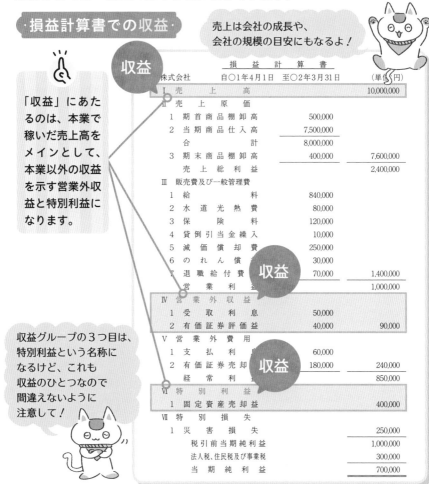

・損益計算書での収益・

売上は会社の成長や、会社の規模の目安にもなるよ！

収益

「収益」にあたるのは、本業で稼いだ売上高をメインとして、本業以外の収益を示す営業外収益と特別利益になります。

収益

収益

収益グループの3つ目は、特別利益という名称になるけど、これも収益のひとつなので間違えないように注意して！

	損 益 計 算 書		
○○株式会社	自○1年4月1日 至○2年3月31日		(単位：円)
I	売 上 高		10,000,000
II	売 上 原 価		
1	期 首 商 品 棚 卸 高	500,000	
2	当 期 商 品 仕 入 高	7,500,000	
	合 計	8,000,000	
3	期 末 商 品 棚 卸 高	400,000	7,600,000
	売 上 総 利 益		2,400,000
III	販売費及び一般管理費		
1	給 料	840,000	
2	水 道 光 熱 費	80,000	
3	保 険 料	120,000	
4	貸 倒 引 当 金 繰 入	10,000	
5	減 価 償 却 費	250,000	
6	の れ ん 償 却	30,000	
7	退 職 給 付 費	70,000	1,400,000
	営 業 利 益		1,000,000
IV	営 業 外 収 益		
1	受 取 利 息	50,000	
2	有 価 証 券 評 価 益	40,000	90,000
V	営 業 外 費 用		
1	支 払 利 息	60,000	
2	有 価 証 券 売 却 損	180,000	240,000
	経 常 利 益		850,000
VI	特 別 利 益		
1	固 定 資 産 売 却 益		400,000
VII	特 別 損 失		
1	災 害 損 失		250,000
	税引前当期純利益		1,000,000
	法人税、住民税及び事業税		300,000
	当 期 純 利 益		700,000

基本

仕訳

勘定

決算

給料や家賃などコストの「費用」グループ

会社が収益を生み出すには、費用がどうしてもかかるものです。

費用のグループは多種多様

　費用は、売上を獲得するために必要なコストのグループです。費用のグループに属する勘定科目は、収益のグループ（➡ P56）に比べてたくさんあります。イメージしやすいのは、給料や家賃でしょう。ほかにも、水道光熱費、通信費、旅費交通費、福利厚生費、減価償却費、租税公課、事務用品費、接待交際費などがあります。

　商品売買を営んでいる会社であれば、仕入（売上原価）が重要な費用になります。例えば、50,000 円で仕入れた商品を 60,000 円で販売したら、売上という収益を 60,000 円計上するとともに、仕入（売上原価）という費用を 50,000 円計上します。その結果として、利益を 10,000円と計算することになるのです。

·商品売買の流れ·

仕入は売上原価とあらわすこともあります。実際の商品売買の費用には、売上原価以外にも家賃や従業員などの給料も含みます。

損益計算書にある4つの費用

　費用グループは、損益計算書（➡ P43）に記載します。仕入（売上原価）は売上（売上高）の下に記載し、それ以外の費用は、仕入（売上原価）よりも下に書いていきます。

・損益計算書での費用・

費用で重要な要素のひとつが、販売するために仕入れた商品の原価をあらわす売上原価です。この内容については、第4章（➡ P150）で説明します。

費用
（売上原価）

損　益　計　算　書

○○株式会社　　自○1年4月1日　至○2年3月31日　　（単位：円）

I 売上高		10,000,000
II 売　上　原　価		
1 期首商品棚卸高	500,000	
2 当期商品仕入高	7,500,000	
合　計	8,000,000	
3 期末商品棚卸高	400,000	7,600,000
売　上　総　利　益		2,400,000
III 販売費及び一般管理費		
1 給　料	840,000	
2 水　道　光　熱　費	80,000	
3 保　険　料	120,000	
4 貸倒引当金繰入	10,000	
5 減　価　償　却　費	250,000	
6 の　れ　ん　償　却	30,000	
7 退　職　給　付　費　用	70,000	1,400,000
営　業　利　益		1,000,000
営　業　外　収　益		
1 受　取　利　息	50,000	
2 有価証券評価益	40,000	90,000
V 営　業　外　費　用		
1 支　払　利　息	60,000	
2 有価証券売却損	180,000	240,000
経　常　利　益		850,000
特　別　利　益		
1 固定資産売却益		400,000
VII 特　別　損　失		
1 災　害　損　失		250,000
税引前当期純利益		1,000,000
法人税,住民税及び事業税		300,000
当　期　純　利　益		700,000

費用

費用

費用

収益に比べて費用は、ずいぶんといろいろな種類があるのね

基本

仕訳 ↑・↓

勘定

決算

　費用の代表が売上原価と販売費及び一般管理費です。また、費用には営業外費用、特別損失があります。

ちなみに…

営業外費用は不動産の売却など金融的なことなどから生じる費用の区分であり、特別損失は臨時的に発生した費用の区分です。

会社の最終的な 儲けは利益

簿記の目的のひとつが、会社の成績である利益を求めることです。

利益の計算をするための損益計算書

　5つのグループではありませんが、損益計算書では重要な要素なので利益についても見ていきましょう。

　会社がさまざまな活動を行えば、多くの収益や費用が発生することになります。それを帳簿に記録し、整理、集計して、損益計算書を作成し、そこで最終的な利益の計算を行います。

　利益は収益から費用を除いたものであることは、すでに説明しましたが（→ P56）、それを損益計算書上で行うわけです。

損益計算書の目的は、会社の利益がどのくらいか知ることだったわね

損益計算書にある5つの利益

　正式な損益計算書では、利益にもいろいろと種類があります。最終的にはすべての収益からすべての費用を引いて、最後の利益を計算するわけですが、その途中の段階でさまざまな利益を計算します。

　具体的には、売上総利益、営業利益、経常利益、税引前当期純利益、当期純利益の5つの利益があります。

　このうち、**当期純利益**が最終的な利益を意味します。ここでは利益にも５つの種類があるということを知っておけば十分ですので、難しく考えないようにしましょう。

・損益計算書での利益・

利益にはそれぞれ意味がありますが、粗利とも呼ばれる売上総利益は、その会社の本業の調子がよいかどうかをあらわす利益になります。

損　益　計　算　書		
○○株式会社　　自○1年4月1日　至○2年3月31日		（単位：円）
Ⅰ　売　　　　上　　　　高		10,000,000
Ⅱ　売　　上　　原　　価		
1　期 首 商 品 棚 卸 高	500,000	
2　当 期 商 品 仕 入 高	7,500,000	
合　　　　　　　計	8,000,000	
3　期 末 商 品 棚 卸 高	400,000	7,600,000
売　上　総　利　益		2,400,000
Ⅲ　販売費及び一般管理費		
1　給　　　　　　　料	840,000	
2　水　道　光　熱　費	80,000	
3　保　　険　　料	120,000	
4　貸 倒 引 当 金 繰 入	10,000	
5　減　価　償　却　費	250,000	
6　の　れ　ん　償　却	30,000	
7　退 職 給 付 費 用	70,000	1,400,000
営　　業　　利　　益		1,000,000
Ⅳ　営　業　外　収　益		
1　受　取　利　息	50,000	
2　有 価 証 券 評 価 益	40,000	90,000
Ⅴ　営　業　外　費　用		
1　支　払　利　息	60,000	
2　有 価 証 券 売 却 損	180,000	240,000
経　　常　　利　　益		850,000
Ⅵ　特　　別　　利　　益		
1　固 定 資 産 売 却 益		400,000
Ⅶ　特　　別　　損　　失		
1　災　害　損　失		250,000
税引前当期純利益		1,000,000
法人税、住民税及び事業税		300,000
当　期　純　利　益		700,000

利益

利益

それぞれの利益を比べると、会社の状況がよりくわしくわかるんだよ

利益

利益

利益

　当期純利益は、その決算期に発生した最終的な利益であり、この利益が会社の成績そのものとなります。そして、この利益で配当などに使われなかった分が、会社の蓄えとして次の期に持ち越されていきます。

ちなみに…　日本企業は以前より、本業以外の収益・費用も含めた経常利益を重視する傾向にあります。経常利益のことを経理の現場などでは「けいつね」などと呼ぶこともあります。

難易度 ★ ★ ★　勘 定

仕事でよく使う 勘定科目って？

どの内容がどの勘定科目に当てはまるのか、理解することが大切です。

勘定科目はすべて5つのグループに

第１章（➡ P38）で勘定について説明しましたが、勘定とは仕訳を項目ごとに集計するための表のことです。そしてこの表の上に項目名を付けましたが、この項目名が勘定科目です。

勘定では、増えたり減ったりした金額を記録するよ

	現	金	
6/1	20,000	6/3	10,000
6/5	80,000	6/6	10,000
6/7	30,000		

勘定科目

第２章ではこれまで、資産グループ、負債グループ、純資産グループ、収益グループ、費用グループによる５つのグループの内容や具体的な項目について説明してきましたが、この具体的な項目こそが、勘定科目ということになります。

一般的な勘定科目と特殊な勘定科目

仕訳で用いる項目の名称も、やはり勘定科目といいます。仕訳を行う際に、どの勘定科目を使うかによって、最終的な貸借対照表、損益計算書の内容も変わってしまうことになります。なので、勘定科目の内容を

しっかりと理解し、正しい勘定科目を用いて処理することが大切です。

　なお、勘定科目には現金や預金、売上といった一般的なものもありますが、会社の業種ごとでの特別な勘定科目もあります。まずは、一般的な会社でよく出てくる勘定科目を見てみましょう。

・一般的な勘定科目の例・

資産	現　金	紙幣や硬貨など。受け取った小切手なども含まれる。
	預　金	当座預金、普通預金、定期預金など。
	受取手形	商品売買の取引の対価として受け取った手形。
	売掛金	商品を販売したけれども、まだ代金を受け取っていない債権。
負債	支払手形	商品売買の取引の対価として渡した手形。
	買掛金	商品を購入したけれども、まだ代金を支払っていない債務。
	借入金	金融機関などへの借金。長期借入金と短期借入金がある。
純資産	資本金	会社設立時や株式発行時に、株主によって払い込まれる資金。
	繰越利益剰余金	会社が稼ぎ出した利益の蓄積。
収益	売　上	商品・サービスの販売によって発生した収益。
	受取利息	金融機関に貯金したり、取引先などへお金を貸し付けたときに発生する利子。
費用	仕　入	事業のために必要な商品を仕入れるための代金。
	給　料	従業員への給料。
	事務用品費	ペンやコピー用紙といった事務用品など。
	交通費	仕事で用いる電車やバス代、タクシー代など。
	租税公課（そぜいこうか）	印紙税や固定資産税など。

> 実際は、会社ごとで使われる勘定科目も違ってくるよ

ちなみに…　勘定科目は暗記しようとする必要はありません。仕事や勉強を通じて、自然と覚えられるようになるものです。

資産を代表する勘定科目「現金」「預金」

身近な現金や預金ですが、簿記特有のルールもあります。

お金が動けば「現金」勘定

ここからは、会社でよく用いられる勘定科目について個別に紹介していきます。まずは、資産グループを代表する「現金」勘定です。

現金勘定は、お金そのものをあらわす勘定です。「お金そのもの」をちょっと難しく言うと「通貨」となります。通貨には10,000円札や1,000円札などの紙幣と、500円玉や100円玉などの硬貨があります。こういった会社のお金が動いた場合に、現金勘定を用いて仕訳することになります。

すぐにお金に変えられるかが決め手

ただし、現金勘定で処理するものは、お金そのものだけではありません。他社から受け取った小切手や郵便局の郵便為替証書（普通為替、定額小為替）なども現金勘定として処理します。理由は、これらを受けとった場合、銀行や郵便局に持っていけば、すぐに現金に引き換えてもらうことができるからです。

小切手は証券のひとつで、銀行に持っていけば自分の預金口座にお金を入れてもらえるよ

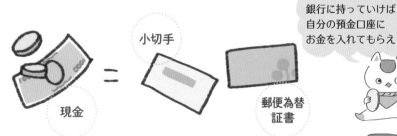

現金　＝　小切手　郵便為替証書

「預金」勘定の種類は3種類

　会社は手元に多額のお金を置いておくと、盗難や紛失の危険性があるので、ふつうは預金口座に入金しておきます。この預金は、勘定科目としては資産グループに属します。

　会社が用いる預金口座の種類として、次のような種類があります。

・「預金」勘定の一例・

普通預金	銀行などの金融機関で一般的な預金のこと。
定期預金	一定期間の預金を条件として、普通預金よりも高い利息が設定されている預金。
当座預金	会社がおもに対象となる口座で、利息がつかない反面、銀行が潰れても全額保証される。

当座預金はあまり馴染みがないわね…

　会社でも個人でも、普通預金や定期預金について大きな違いはありません。仕訳の際は「普通預金」勘定、「定期預金」勘定とします。

　また、当座預金は、仕訳の際は「当座預金」勘定が用いられ、小切手や手形が使えるようになる点に特徴があります。会社がほかの会社にお金の支払いを行う際に、小切手や手形に金額を書いて渡せばよいので、とても便利です。

小切手や手形を使うには、当座預金を開設する必要があります。

　いろいろな銀行に口座を開設している場合は、どの銀行の普通預金かを明らかにするために普通預金（○○銀行）、普通預金（△△銀行）と仕訳することがあります。

商品売買での勘定科目「売上」「仕入」

会社の取引で重要な、2つの勘定科目について見ていきます。

商品を販売した際は「売上」勘定

　商品を販売した際は、「売上」勘定を用いて仕訳します。売上勘定は収益グループ（➡ P56）を代表する勘定科目です。売上の計上で大切なポイントは、商品をちゃんと渡しているか、ということです。先にお金をもらって、商品は後日渡すようなケースもありますが、そのような場合は、お金をもらった段階では売上を計上できません。商品をお客様に渡した段階ではじめて売上を計上することができるのです。

　内金や手付金といった形で先にお金をもらった場合には、「前受金」勘定という負債グループ（➡ P52）の勘定科目に計上します。なぜ負債グループになるのかというと、お金をもらった分だけ商品を引き渡さなければならない義務があるからです。この話がキャンセルになったら、お金を返さなければならないことも負債グループになる理由です。

・売上と前受金の取引・

商品を販売した場合	先にお金をもらった場合

売上（収益グループ）に計上。	前受金（負債グループ）に計上。

商品を購入したら「仕入」勘定

商品を購入した際は、「仕入」勘定を用いて仕訳します。仕入勘定は費用グループを代表する勘定科目です。仕入は、商品を受け取ってはじめて仕入を計上することができます。

なお、商品を購入する前に先にお金を支払った場合には、「前払金」という資産グループ（➡ P50）の勘定科目に計上します。なぜならば、お金を支払った分だけ商品を購入できる権利があるからです。

・仕入と前払金の取引・

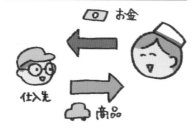

商品を購入した場合

仕入（費用グループ）に計上。

先にお金を支払った場合

前払金（資産グループ）に計上。

購入時と販売時で異なる配送料の計上

商品の購入や販売を行う際に、配送料や運賃のようなコストが生じることがあります。このようなコストの取り扱いは、購入時と販売時では違ってきます。次のように分けることで、正しい利益の計算が行えます。

・配送料の計上・

配送料 ⇨ 商品の購入時に発生 ⇨ 仕入に含めて計上

配送料 ⇨ 商品の販売時に発生 ⇨ 発送費などとして計上

ちなみに… 配送料や運賃のようなコストを上記のように処理する理由は、売上とこれらの費用の計上のタイミングを合わせることによって、正しい利益の計算を行うためです。

基本

仕訳

勘定

決算

⑩ 簿記で重要な勘定科目　　難易度 ★★★ 基本

簿記では頻出の勘定科目
「売掛金」「買掛金」

普段の生活では馴染みのない科目ですが、簿記では重要です。

商品の販売で使われる「売掛金」勘定

商品を販売した際は、「売上」勘定（➡ P66）を用いて仕訳しますが、その際にお金を受け取っておらず、後日受け取る約束になっている場合は、仕訳のもう一方の勘定科目として、「売掛金」勘定を用います。

つまり、**売掛金とは商品を販売して、お金をまだもらっていない場合**のことです。売掛金は将来、約束の日が来たらお金をもらうことができるので資産グループ（➡ P50）です。

・売掛金の考え方・

売掛金は資産グループの勘定科目になります。

将来お金が入ってくる
⬇
「売掛金」（資産グループ）に計上

商品の購入で使われる「買掛金」勘定

自分の会社で販売する目的で商品を購入した際は、「仕入」勘定（➡ P67）を用いて仕訳します。その際お金を支払っておらず、後日支払う約束になっている場合は、仕訳のもう一方の勘定科目として「買掛金」

勘定を用いることになります。

　つまり、買掛金とは商品を購入して、お金はまだ支払っていない場合に使われる勘定科目です。買掛金は、将来、約束の日が来たらお金を支払うので負債グループ（⇒ P52）になります。

·買掛金の考え方·

買掛金は負債グループの勘定科目になります。

将来お金を支払う

⇩

「買掛金」（負債グループ）
に計上

さらに詳しく
会社の営業目的でないモノの売買

　売掛金と買掛金は、販売する目的の商品の売買において、後日お金のやり取りをする場合でしたが、それ以外の売買でも、お金のやり取りを後日行うこともあります。

　例えば、会社で使う机やイスを買って、代金は後日支払う場合や、使わなくなった机やイスを売って代金は後日もらう約束になっているといったケースでの勘定科目には、次のものが使われます。

後でお金をもらうケース	⇨	「未収入金」勘定（資産グループ）
後でお金を払うケース	⇨	「未払金」勘定（負債グループ）

ちなみに…　売掛金や買掛金は、どの取引先に対するものなのかを明らかにしておく必要があります。その理由は、いくらお金をもらうべきか、払うべきかがわからなくなるからです。

仕訳

勘定

決算

⑪ 簿記で重要な勘定科目　　　難易度 ★★★　基本

「支払家賃」「給料」は
費用グループの代表

数ある費用グループの勘定科目の中でも、代表的な2つです。

会社が家賃を支払えば「支払家賃」勘定

　会社が賃貸オフィスに入っている場合などは、家賃の支払いが生じます。その際に用いる勘定科目が「支払家賃」勘定です。

　家賃は、会社が売上を獲得するために必要なコストです。商品を販売する場所や事務処理をする場所がなければ仕事ができませんし、売上も稼げません。ですから、支払家賃勘定は費用グループに属します。

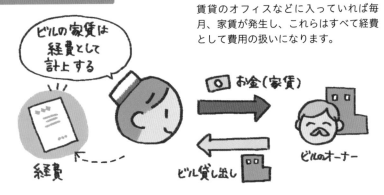

・支払家賃の計上・

賃貸のオフィスなどに入っていれば毎月、家賃が発生し、これらはすべて経費として費用の扱いになります。

ビルの家賃は経費として計上する

お金（家賃）

ビルのオーナー

ビル貸し出し

経費

社員らの給料は「給料」勘定

　会社が社員、パート、アルバイトを雇っていれば、給料を支払わなければなりません。その際に用いる勘定科目が「給料」勘定です。こちらも、売上獲得のために必要なコストなので費用グループです。

70

給料の計上

売上に貢献してくれる社員などへの給料も費用の扱いです。

給料

会社 社員 社員 社員

「通信費」勘定と「租税公課」勘定

　取引先との連絡などで、電話代、インターネット代、切手代、はがき代などが生じますが、これらは「通信費」勘定で処理します。通信費も業務上、必要なコストなので、もちろん費用グループに属します。

　切手と似たような存在で収入印紙がありますが、収入印紙は印紙税という税金の支払いになります。なので、通信費勘定で処理するのではなく、「租税公課（そぜいこうか）」という勘定科目で処理することになっています。租税公課勘定は費用グループであり、印紙税や固定資産税の支払い時に用いられるものです。ちなみに収入印紙は、お客様に渡す領収書や取引先との契約書に貼付されます。

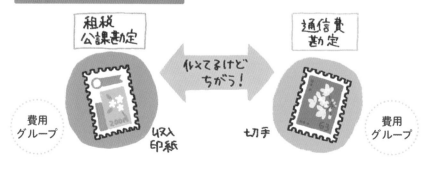

収入印紙と切手の計上

租税公課勘定

通信費勘定

似てるけどちがう！

費用グループ　収入印紙

切手　費用グループ

ちなみに…　従業員に支給するものとして、給料のほかに賞与（ボーナス）や退職金などもありますが、これらも費用グループに属します。

正しい利益のための 「減価償却費」勘定

固定資産を使用して、価値が減少した分が減価償却です。

売上の獲得に役立った期間が目安

　会社が賃貸オフィスに入っている場合は、家賃を支払わなければなりませんが、自社で所有する自社ビルであればどうでしょうか。例えば自社ビルを 1 億円で購入した場合、自社ビルの購入で払った 1 億円は、購入した年だけの費用とするわけにはいきません。

　もしも 50 年間にわたって使うのであれば、50 年間の売上の獲得に役立つということになるので、50 年間に分けて費用を計上していかないと、毎年の正しい利益の計算ができなくなってしまいます。

・自社ビルの費用の計上・

ビルのような高額な支出の場合、何十年にわたって費用として計上していく必要があります。

費用として複数年間にわたって計上

　自社ビルを 1 億円で購入し、50 年間使うつもりであれば、毎年 2 百万円（1 億円÷50 年）を「減価償却費」勘定という費用グループとして計上する必要があります。

·減価償却費の基本的な考え方·

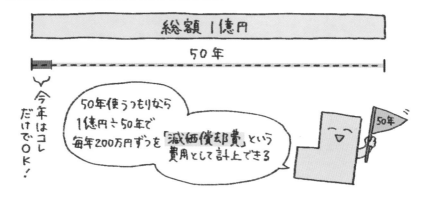

　減価償却費の計算方法はいろいろあるので、上の計算方法は一例になります。

　このように、使うことによって価値の減少する**固定資産**は、減価償却という手続きが必要になってきます。**固定資産**には、**自社で長期間にわたって使用することを目的として購入したもの**が当てはまります。具体的には、建物以外にも備品や自動車、土地などがあります。

　この中で土地については、使ったからといって価値が減少するわけではないので、減価償却の対象外となっています。

·減価償却できる固定資産·

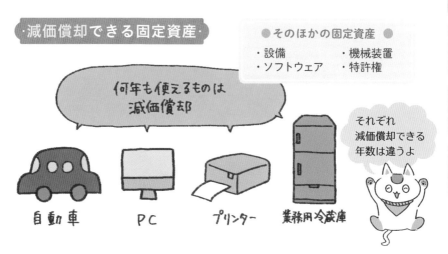

ちなみに…　ほとんどの費用は発生時にお金が出ていきますが、減価償却費は発生時にお金が出ていかない(購入時に支払済)という特徴があります。

左側と右側のどちらかに記録するのがルール

仕訳では、会社で行われた取引の勘定科目と金額を記入します。

取引を横一行であらわす仕訳

簿記では、会社で行われた取引を仕訳という形で記録していくということを、すでに第1章（➡ P36）でお話ししました。そして仕訳では、勘定科目と金額を左側と右側に、横一行の形で書いていきました。

借方		貸方	
備品	50,000	**現金**	50,000

取引の勘定科目と金額を書くんだったわよね

ここでは、仕訳をする場合、何を左側（借方）に書いて、何を右側（貸方）に書くのかについて説明していきます。

仕訳をするための2つのポイント

左側に書くか、右側に書くかを判断するポイントは2点あります。まず1点は、仕訳を行う項目（勘定科目）が増加したのか、減少したのかです。

例えば、「会社で使うイス（備品）を、現金5,000円を支払って買ってきた」という取引であれば、このときの項目のひとつは「現金」勘定であり、現金は増えたか、減ったかというと、減っています。このように、まずはその項目が増えたのか、減ったのかを考えます。

·仕訳で記入するときの考え方·

備品を購入すれば
備品が増えて
お金が減るよね

2点目は、その項目がどのグループに属するかです。簿記では、取引を資産グループ、負債グループ、純資産グループ、収益グループ、費用グループの5つのグループに分けて記録していくことは見てきました。先ほどの取引例でいうと、現金は資産グループです。

現金の減少、つまり資産グループの減少は、右側（貸方）に記すことになります。その理由は、次のページで説明していきます。

·仕訳の具体的な方法·

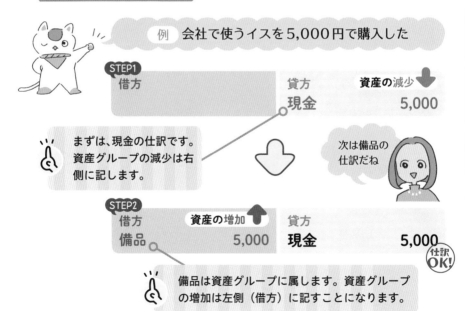

例　会社で使うイスを5,000円で購入した

STEP1

借方	貸方	資産の減少 ⬇
	現金	5,000

まずは、現金の仕訳です。資産グループの減少は右側に記します。

次は備品の仕訳だね

STEP2

借方	資産の増加 ⬆	貸方	
備品	5,000	現金	5,000

仕訳OK!

備品は資産グループに属します。資産グループの増加は左側（借方）に記すことになります。

左側チームの仕訳のルール

5つのグループによって、仕訳のルールが違ってきます。

貸借対照表と損益計算書が関係している

　前のページで資産グループが増えた場合、仕訳の左側（借方）に記しました。しかし、すべての勘定科目が、「増えた場合は左側（借方）」というように、決まっているわけではありません。

　決め手は、勘定科目が属するグループです。5つのグループのうち、どのグループに属しているかによって、右側、左側どちらに記録すればよいのかが変わってきます。

　記録のルールを知るためには、5つあるグループを2つに分けます。

・5つのグループのチーム分け・

資産　費用

左側チーム

負債　純資産　収益

右側チーム

貸借対照表と損益計算書のグループは2分することができます。

　このように分けることには理由があります。資産グループと費用グループにはある共通点があり、同様に、負債グループ、純資産グループおよび収益グループにも共通点があります。

　それは、決算書である貸借対照表と損益計算書において、左側に載っているか、右側に載っているかということです。資産と費用は左側に載っており、負債、純資産および収益は右側に載っています。

　つまり資産グループと費用グループは、左側に載るので「左側チーム」となり、負債、純資産および収益は右側に載るので「右側チーム」ということになります。

・貸借対照表と損益計算書のグループ・

※表はともに簡易版。

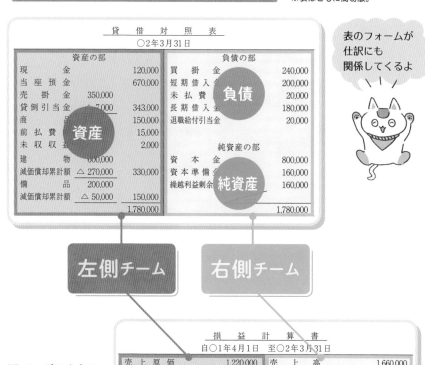

表のフォームが
仕訳にも
関係してくるよ

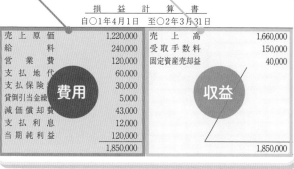

57ページのようにタテに収益と費用が混じり合っている損益計算書が一般に使われていますが、左側（借方）と右側（貸方）とに分けて記載するフォームもあります。

ちなみに利益は、収益から費用を引いた結果として出てくるものなので、ここで考える必要はありません。この 5 つのグループは、とても重要なのでしっかり覚えてしまいましょう。

仕訳するための2つのポイント

　ある項目が増えた場合の仕訳では、チーム名と同じ側に記載します。資産と費用については、「左側チーム」なので、増加したら左側に記録します。

　逆に減少したら、チーム名とは逆の右側に記録します。図であらわすと次のようになります。

·左側チーム（資産、費用）の記載ルール·

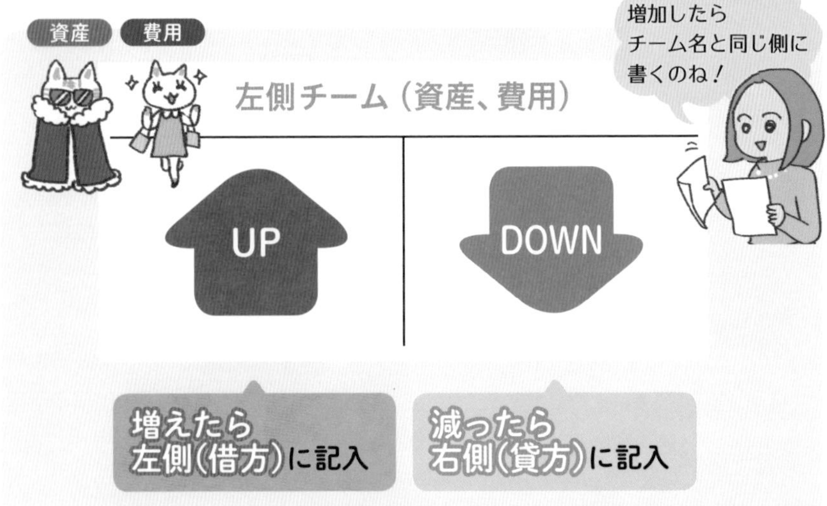

資産　費用

左側チーム（資産、費用）

増加したら
チーム名と同じ側に
書くのね！

UP　DOWN

増えたら
左側（借方）に記入

減ったら
右側（貸方）に記入

仕訳の際は、取引の勘定科目が左側チームである資産と費用かどうか、
それらは増えているか、減っているのかに着目します。

　それでは、左側チームの出てくる仕訳について見ていきます。例えば、次のような取引を考えてみましょう。商品を販売し、代金を現金で受け取ったというケースです。

「商品を 100,000 円で販売し、代金は現金で受け取った」

このような取引があった場合、勘定科目である現金は資産グループで
増加しているので、仕訳で左側に現金と書くわけです。

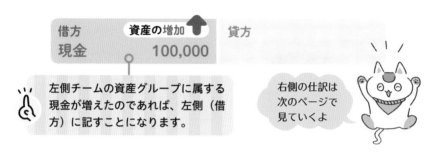

左側チームの資産グループに属する
現金が増えたのであれば、左側（借
方）に記すことになります。

右側の仕訳は
次のページで
見ていくよ

次のような取引についても考えてみましょう。今度は左側チームの資
産グループが減少する場合の仕訳です。

「会社の借金 50,000 円を現金で支払った」

お金を返済したことで資産グループである現金は減少したので、仕訳
で右側に現金と記入します。

この取引の左側の
仕訳も次のページで
解説するよ

左側チームの資産グループに属する
現金は、減ったのであれば右側（貸
方）に記します。

これで2つの取引について、ともに仕訳の半分が完成しました。この
時点ではまだ仕訳は完成していないですが、残りの仕訳は左側チームで
はないので、次のページの右側チームの解説で見ていきます。

ちなみに…　資産、費用は貸借対照表、損益計算書の左側に記載したいので、勘定において増加し
たら左側に記入するのです。

右側チームの
仕訳のルール

負債、純資産、収益の場合の、仕訳におけるルールを見ていきます。

左側チームと反対のルール

　今度は右側チームの記入を見ていきます。負債、純資産および収益は、貸借対照表と損益計算書では「右側チーム」なので、これらが増加したら右側（貸方）に記録します。逆に減少したらチーム名とは逆の左側（借方）に記録します。図であらわすと次のようになります。

·右側チーム（負債、純資産、収益）の記載ルール·

 負債　純資産　収益

 右側チーム（負債、純資産、収益）

資産、費用と
ちょうど
反対になるよ

DOWN　UP

減ったら
左側（借方）に記入　　増えたら
右側（貸方）に記入

右側チームも、取引の勘定科目が負債、純資産、収益かどうか、それらの増減について着目します。

前のページで扱った「商品を 100,000 円で販売し、代金は現金で受

け取った」という取引の仕訳は、左側に現金と書くところまで記録が終わっていました。この仕訳の残りを考えてみましょう。

記入していないのは、「商品を100,000円で販売した」という点です。この取引は、売上が100,000円発生したと言い換えることができます。項目が増えたか減ったかという視点では売上の増加であり、グループとして売上は、**右側チームの収益グループ**に属することになります。なので、仕訳で**右側（貸方）に売上**と書くことになります。

借方		貸方	収益の増加 🔼
現金	100,000	売上	100,000

商品を売ったら
売上になるのが
ポイントね！

右側チームの収益グループに属する
売上が増えたのであれば、右側（貸方）に記すことになります。

右側チームが減少したケース

もうひとつの「会社の借金50,000円を現金で支払った」という取引についても、仕訳を完成させます。仕訳で右側に現金と書くところまでは、前の具体例で終わっています。

そして、借入金である借金を支払ったので、借入金が50,000円減少したことになります。借入金が減少し、また借入金は右側チームの**負債グループ**なので、仕訳では**左側（借方）に借入金**と記入します。

借方	負債の減少 🔽	貸方	
借入金	50,000	**現金**	50,000

右側チームの負債グループに属する
借入金は、減ったのであれば左側（借方）に記します。

これでようやく
取引の仕訳が
完成したのね

ちなみに… 負債、純資産、収益は、貸借対照表、損益計算書の右側に記載したいので、勘定において増加したら右側に記入するのです。

簿記・経理にまつわる資格試験！

　もともと経理の仕事をするために始めた簿記の勉強ですが、スキルアップを目指して経理や簿記の資格試験に挑戦してみたいと考える方も多いものです。

　そこで、ここでは経理や簿記に関連する資格試験を紹介します。

◆簿記検定試験

　まずは何といっても簿記検定試験です。日本商工会議所が行っている日商簿記検定試験が一番有名だと思いますが、それ以外にも主催団体の違いで全経簿記とか全商簿記といった簿記の資格試験もあります。

◆経理業務試験

　近年できた試験でFASS検定というものがあります。これは、経理業務の知識を問う試験でスコア制になっています。

◆会計ソフト試験

　経理業務は会計ソフトを用いて行うことが一般的ですが、会計ソフトの操作能力を問う試験として電子会計実務試験という試験もあります。受験の前提として、簿記の知識も必要となります。なお、この試験も日本商工会議所が行っています。

◆税理士、公認会計士試験

　経理や簿記に関する最高峰で国家試験でもある試験が税理士と公認会計士の試験です。税理士は税の専門家であり、税務申告書類の作成や税務調査時の立会いなどを行います。公認会計士は会計や監査の専門家であり、おもに財務諸表監査を行います。

第 3 章

毎日の実務で
使う簿記

会社では、日々いろいろな取引が行われます。つま
り、その取引を記録する簿記は、毎日行われること
になるわけです。日々の簿記で行われる仕訳を、こ
の章では見ていきましょう。

毎日の実務で使う簿記を知ろう！

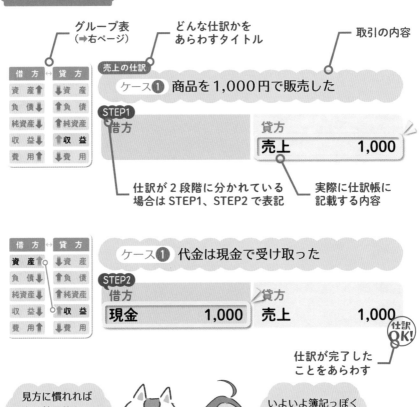

第3章を勉強する前に…

仕訳表の見方

第3章では、いろいろな勘定科目について、どのように仕訳ればよいのかを中心に見ていきます。そこで大事になるのは、下に載せている仕訳表です。見方に少しコツがあるので、解説しておきましょう。

仕訳表は、メインの仕訳およびグループ表により構成されています。例えば、2段階で仕訳している場合は、次のような仕訳表になります。

・仕訳表の見方・

グループ表
（➡右ページ）

どんな仕訳かを
あらわすタイトル

取引の内容

借 方	←	貸 方
資 産 ⬆		⬇資 産
負 債 ⬇		⬆負 債
純資産⬇		⬆純資産
収 益⬇		⬆収 益
費 用⬆		⬇費 用

売上の仕訳

ケース❶ 商品を 1,000 円で販売した

STEP1

借方	貸方
	売上　　　1,000

仕訳が2段階に分かれている
場合は STEP1、STEP2 で表記

実際に仕訳帳に
記載する内容

借 方	←	貸 方
資 産 ⬆		⬇資 産
負 債 ⬇		⬆負 債
純資産⬇		⬆純資産
収 益⬇		⬆収 益
費 用⬆		⬇費 用

ケース❶ 代金は現金で受け取った

STEP2

借方	貸方
現金　　　1,000	売上　　　1,000

仕訳
OK!

仕訳が完了した
ことをあらわす

見方に慣れれば
より効果的な
勉強ができるよ

いよいよ簿記っぽく
なってきたわね…

仕訳の理解をより深めてもらうために、原則すべての仕訳に**グループ表**も掲載。グループ表は、それぞれの勘定科目が、ここまで説明してきた5つのグループ「資産グループ」「費用グループ」（左側チーム）および「負債グループ」「純資産グループ」「収益グループ」（右側チーム）のどのグループなのか、また左側（借方）・右側（貸方）のどちらに記入するかがひと目でわかるよう、図式化しています。

以下、この表の見方を解説しておきます。

・グループ表の見方・

どのグループか
すぐにわかるのが
メリットね

そのケースの左側（借方）と右側（貸方）に仕訳されている勘定科目が、5つのグループの何に当てはまるのか、また増加（赤矢印）なのか減少（青矢印）なのか、を示しています。

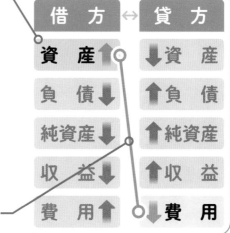

左側（借方）と右側（貸方）の仕訳の組み合わせを、線で結んであらわしています。

●グループ表を活用するメリット！●

1 このグループ表を暗記して頭の中でイメージできると、仕訳の仕方に迷ったときの指針になります。

2 繰り返し本書を読んで仕訳の仕方を練習するとき、本文を読まなくても仕訳表を見るだけでおさらいできます。

3 簿記の大局的な考え方が身に付きます。

準備ができたら、
次のページから
仕訳の練習を
していこう！

① 商品の売買 難易度 ★★★ 仕訳 ↑↓

売上と仕入 の仕訳

会社の日々の取引で大事な仕訳が、売上と仕入です。

売上が生じたときの仕訳

　会社が商品やサービスを販売すれば、売上が生じます。会社が売上を
あげた場合の仕訳を見ていきましょう。

・売上時の取引・

自社が、商品を
1,000円で販売
したケース。

売上勘定は収益グループなので、発生したら仕訳で右側に書きます。

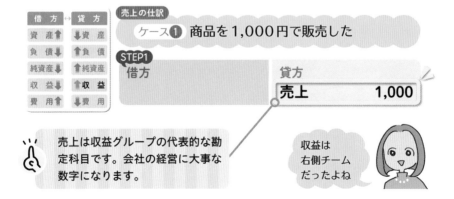

借 方	↔	貸 方
資 産 ⬆		⬇ 資 産
負 債 ⬇		⬆ 負 債
純資産 ⬇		⬆ 純資産
収 益 ⬇		⬆ 収 益
費 用 ⬆		⬇ 費 用

売上の仕訳

ケース**❶** 商品を1,000円で販売した

STEP1

借方	貸方	
	売上	1,000

売上は収益グループの代表的な勘
定科目です。会社の経営に大事な
数字になります。

収益は
右側チーム
だったよね

そして、商品やサービスを販売したらお金が入ってきます。そのときは、お金、つまり現金勘定は資産グループなので、増加したら仕訳で左側に書きます。

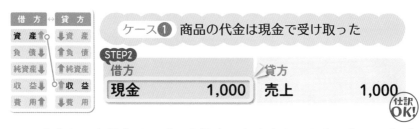

借 方	↔	貸 方
資 産⬆		⬇資 産
負 債⬇		⬆負 債
純資産⬇		⬆純資産
収 益⬇		⬆収 益
費 用⬆		⬇費 用

ケース❶ 商品の代金は現金で受け取った

STEP2

借方		貸方	
現金	1,000	売上	1,000

仕訳OK!

このように、商品やサービスを個人のお客さんに販売したらお金が入ってくるのがふつうです。

しかし、個人のお客さんではなく、会社がお客さんの場合は、すぐにお金が入ってこないことが多いです。会社がお客さんのケースだと、売上の計上は月に1回だけとなります（➡ P132）。

商品を仕入れた場合の仕訳

会社が商品を販売するためには、ほかの会社などから商品を買ってこなければなりません。売るための商品を買ってくる場合は、仕入勘定で仕訳をします。

・仕入時の取引・

商品

自社　現金　仕入先

取引先から販売するための商品を800円で仕入れたケース。

ちなみに… スーパーやコンビニなどが、お客さんに毎日商品を販売して現金(クレジット払いなどの例もありますが)をもらうケースが売上の代表例です。

商品を購入したら、仕入が発生します。仕入勘定は費用グループなので、発生したら仕訳で左側に書きます。

そして、商品を購入してすぐにお金を支払ったら、資産グループの現金が減少するので、仕訳で右側に現金と書きます。

仕入先が会社の場合の仕訳

もしも、仕入先が会社だった場合は、多くの場合は1か月分をまとめて翌月末に支払います（➡ P132）。ですから、商品を購入した段階ではお金は出ていくことはありません。

·仕入時の取引（仕入先が会社のケース）·

商品代金を支払わなければならない義務だけが発生した、ということになります。

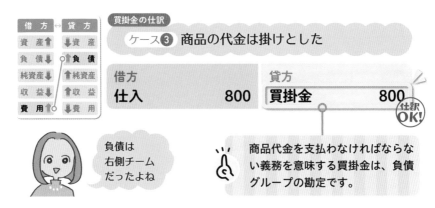

　仕入によって商品代金を支払わなければならない義務は、買掛金という勘定で仕訳します。買掛金は負債グループなので、増加したら仕訳で右側に書きます。

買掛金の仕訳

ケース3 商品の代金は掛けとした

負債は右側チームだったよね

商品代金を支払わなければならない義務を意味する買掛金は、負債グループの勘定です。

　買掛金が増加した際に、買掛金勘定のみで仕訳をすると、後でどこの会社に対するものなのかがわからなくなってしまう可能性があります。ですから、買掛金として仕訳するとともに、相手の会社名も記しておくことがあります。

　例えば、先ほどのケース3の例で、仕入先が東京商事㈱だったとすると、次のように仕訳します。

基本的な仕訳は変わらないよ

勘定にまとめるときに、どの会社の買掛金かわかるようにするのが目的です。

　なお、今回の東京商事㈱のように、勘定科目の内訳を示す項目のことを補助科目といいます。補助科目は、買掛金だけでなく、預金勘定で銀行名を記したり、経費で細目を記したりする場合にも使えます。

ちなみに… 売上だけあって仕入がない業種もあります。例えば、理髪店、マッサージ店、学習塾などです。

内金と手付金 の仕訳

内金や手付金での仕訳を見ていきましょう。

内金や手付金をもらったときの仕訳

　業界の慣習であったり、自分が購入したい商品を取っておいてもらうために、内金や手付金を支払ったり、受け取ったりすることがあります。まずは、内金や手付金を受け取った側の仕訳を見ていきましょう。

・手付金を受け取ったケース・

500,000円の車の購入を希望するお客さんから、手付金50,000円を受け取ったケース。

　この場合、お店側（自社）は、手元に現金が増えます。現金勘定は資産グループなので、増加したら仕訳で左側に書きます。

借　方	↔	貸　方
資　産 ⬆		⬇ 資　産
負　債 ⬇		⬆ 負　債
純資産 ⬇		⬆ 純資産
収　益 ⬇		⬆ 収　益
費　用 ⬆		⬇ 費　用

前受金の仕訳

ケース❹　手付金を50,000円受け取った

STEP1

借方		貸方
現金	50,000	

　そして、仕訳の右側には前受金を記入します。前受金は、商品を販売する前にお金をもらった場合に用いる勘定科目であり、負債グループになります。

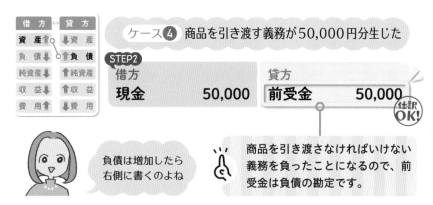

借　方	↔	貸　方
資　産⬆	○	⬇資　産
負　債⬇	○	⬆負　債
純資産⬇		⬆純資産
収　益⬇		⬆収　益
費　用⬆		⬇費　用

ケース❹ 商品を引き渡す義務が50,000円分生じた

STEP2

借方		貸方	
現金	50,000	前受金	50,000

仕訳OK!

負債は増加したら右側に書くのよね

商品を引き渡さなければいけない義務を負ったことになるので、前受金は負債の勘定です。

　その後、お客さんが残金の450,000円を現金で持ってきたので、お店側は商品を引き渡したとします。その結果、商品を500,000円で販売したことになるので、右側に売上500,000円を計上します。

　また、現金450,000円をもらったので、左側に現金450,000円を計上します。さらに、左側の現金450,000円の下の行に、前受金50,000円を計上します。

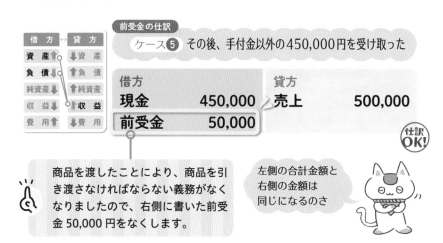

借　方	↔	貸　方
資　産⬆	○	⬇資　産
負　債⬇	○	⬆負　債
純資産⬇		⬆純資産
収　益⬇	○	⬆収　益
費　用⬆		⬇費　用

前受金の仕訳

ケース❺ その後、手付金以外の450,000円を受け取った

借方		貸方	
現金	450,000	売上	500,000
前受金	50,000		

仕訳OK!

商品を渡したことにより、商品を引き渡さなければならない義務がなくなりましたので、右側に書いた前受金50,000円をなくします。

左側の合計金額と右側の金額は同じになるのさ

ちなみに…　前受金は負債グループに属するので、増加したら右側、減少したら左側に記入することになります。

内金や手付金を支払ったときの仕訳

　今度は、内金や手付金を支払った側の仕訳を見ていきます。次のようなケースの仕訳です。

・内金を支払ったケース・

50,000円の時計を購入するために、内金5,000円を支払ったケース。

　この場合、仕入れる側は、商品を受け取る前にお金を支払っているので、手元から現金が減少します。

　現金勘定は資産グループなので、減少したら仕訳で右側に書きます。

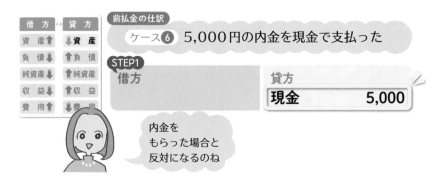

　そして、左側には前払金という勘定科目を記入します。前受金と反対の意味になる前払金は、商品を購入する前にお金を支払った場合に用いる勘定科目になります。

　商品を仕入れる前にお金を支払ったということは、その分だけ商品を

引き取ることができる権利が生じたことになるので、**前払金は資産グループ**の勘定です。**資産グループ**は増加したら**左側**に書くので、**前払金**を**左側**に書きます。

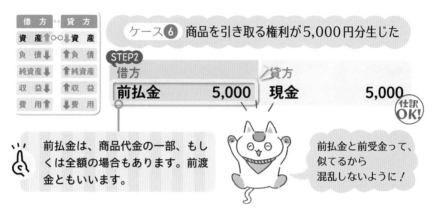

借方	↔	貸方
資産 ⬆	○○	⬇ 資産
負債 ⬇		⬆ 負債
純資産 ⬇		⬆ 純資産
収益 ⬇		⬆ 収益
費用 ⬆		⬇ 費用

ケース⑥ 商品を引き取る権利が5,000円分生じた

STEP2

借方		貸方	
前払金	5,000	現金	5,000

仕訳OK!

前払金は、商品代金の一部、もしくは全額の場合もあります。前渡金ともいいます。

前払金と前受金って、似てるから混乱しないように！

その後、残金 45,000 円を現金で支払って、仕入れる側は商品を受け取ったとします。その結果、商品自体は 50,000 円で仕入れたので、左側に仕入 50,000 円を計上します。また現金 45,000 円を支払ったので、右側に現金 45,000 円を計上し、さらに前払金 5,000 円を計上します。

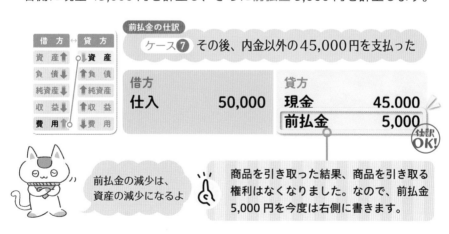

前払金の仕訳

借方	↔	貸方
資産 ⬆	○	⬇ 資産
負債 ⬇		⬆ 負債
純資産 ⬇		⬆ 純資産
収益 ⬇		⬆ 収益
費用 ⬆		⬇ 費用

ケース⑦ その後、内金以外の45,000円を支払った

借方		貸方	
仕入	50,000	現金	45.000
		前払金	5,000

仕訳OK!

前払金の減少は、資産の減少になるよ

商品を引き取った結果、商品を引き取る権利はなくなりました。なので、前払金5,000円を今度は右側に書きます。

大事な点は、販売する側も仕入れる側も、内金を受けたり払ったりした時点では**売上や仕入としては計上することができない**ということです。

ちなみに… 売上や仕入を計上するための大切な条件のひとつが、商品の受け渡しです。商品の受け渡し前にお金のやり取りをした場合は、前受金や前払金で処理しておきます。

商品返品の際の仕訳

商品に傷がある場合などで返品する際の仕訳を見ていきます。

商品が返品されたときの仕訳

販売した商品に傷や欠陥があったり、注文したものとは違うとの理由で、返品されることがあります。例えば、次のようなケースです。

・商品が返品されたときの取引・

返品

自社

傷があったので返品します

客

現金

100,000 円の商品が返品されたので返金したケース。

この場合、数日前に販売した際は次の**ケース8**の仕訳を行っています。

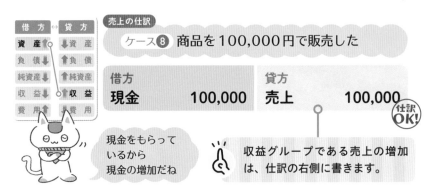

売上の仕訳

借方	←	貸方
資 産 ↑		↓資 産
負 債 ↓		↑負 債
純資産 ↓		↑純資産
収 益 ↓		↑収 益
費 用 ↑		↓費 用

ケース8 商品を100,000円で販売した

借方		貸方	
現金	100,000	売上	100,000

仕訳OK!

現金をもらっているから現金の増加だね

収益グループである売上の増加は、仕訳の右側に書きます。

そして、その商品が返品されてきたということは、数日前に計上した売上がなくなってしまうことになるので、販売したときとは逆の左側に売上を記入します。

また、現金 100,000 円を返金したので、手元から現金が 100,000 円減少します。ですから、右側に現金 100,000 円と記入します。

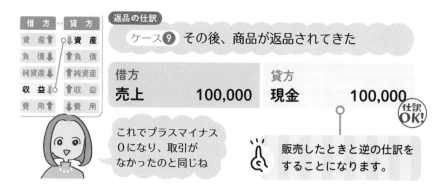

借　方	↔	貸　方
資　産⬆	⬇	資　産
負　債⬇	⬆	負　債
純資産⬇	⬆	純資産
収　益⬇	⬆	収　益
費　用⬆	⬇	費　用

返品の仕訳

ケース⑨　その後、商品が返品されてきた

借方　売上　100,000　　貸方　現金　100,000　仕訳OK!

これでプラスマイナス0になり、取引がなかったのと同じね

販売したときと逆の仕訳をすることになります。

商品を返品したときの仕訳

今度は、逆に商品を返品したケースの仕訳を見ていきます。

商品を返品したときの取引

壊れてました　返品

現金

自社　取引先

80,000 円で仕入れた商品を返品したケース。

例えば、上のような返品があって、現金 80,000 円が返金されたとしましょう。

この場合、数日前に仕入れた際は次のケース 10 の仕訳を行っています。

ちなみに…　商品販売時に売掛金としていたのであれば、返品時には売掛金を減少させることになります。

基本　仕訳↑↓　勘定　決算

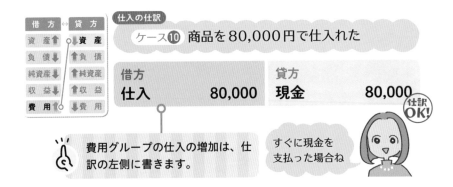

仕入の仕訳

そして、その商品を返品したということは、数日前に計上した仕入がなくなってしまうことになるので、仕入れたときとは逆の右側に仕入を記入します。

また、現金80,000円の返金を受けたので、手元に現金が80,000円増加します。ですから、左側に現金80,000円と記入します。

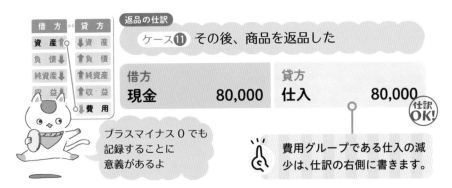

商品を返品した場合も結果として、仕入れたときと逆の仕訳をすることになります。

値引・割戻のときの仕訳

商品を売買した後に、値引や割戻を行ったり、受けたりすることがあります。値引とは、商品に傷や欠陥があったので、商品代金を安くしてあげたり、安くしてもらったりすることです。

値引の場合も返品と同じように、売上や仕入を減少させる仕訳を行います。例えば、まず商品を 100,000 円で販売し、代金は現金で受け取ったとします。そのときの仕訳は、次の**ケース 12** のようになります。

その後、商品に傷がついていたとのクレームがあったので、10,000円安くしてあげることにして、現金 10,000 円を返金したとします。その際に値引した額は、**収益グループの売上の減少**として**左側**に書きます。

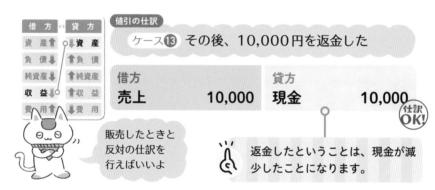

また**割戻**とは、商品をたくさん買ってもらったので安くしてあげたり、商品をたくさん購入したので安くしてもらったりすることです。実務上では、**割戻**のことをリベート（販売奨励金）と呼ぶことがあり、メーカーなどが小売店に自社の商品をたくさん販売してもらうために、行われている商慣習になります。

販売側の仕訳については、値引の仕訳と同じく、割戻した際に**売上を左側に、現金を右側**に書き入れます。値引と割戻は、理由は異なるケースですが、結果として同じ仕訳に、つまり売上を減少させることになるのです。

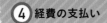
難易度 ★★★ 仕訳

交通費を支払ったときの仕訳

毎日の経費で、よく出てくるのが交通費になります。

交通費を支払ったときの仕訳

　ここからは、日々生じる経費の支払いについて見ていきます。会社で日々生じることのある経費の代表として、**交通費**があげられます。従業員が仕事で移動する際の電車賃やバスの運賃などは、すべてこの交通費に当てはまります。通常、費用を計上するためには証憑（領収書など）が必要ですが、電車代やバス代はもらえないこともあるので、その場合は従業員自身が記録を残しておきます。

·さまざまな交通費·

電車代　ガソリン代　バス代

タクシー代　駐車場代

交通費は、後で支払われることがほとんどなため、一時的に従業員が立替えておくことになります。

　交通費は旅費交通費という勘定科目で処理されることもありますが、同じものと考えておいてよいでしょう。

交通費は費用グループに属する勘定科目です。つまり左側チームなので、交通費が発生したら、仕訳で左側に書きます。例えば、電車代500円を現金で支払ったとすると、次のケース14のようになります。

交通費は、日時などを記録した交通費精算書が領収書の代わりになるよ

資産グループの現金が減少したので右側に書きます。

交通費の種類はほかにもある

なお、上記の内容は日常業務での交通費の処理の方法になります。しかし交通費に関しては、日常的な業務以外にも生じることがあります。例えば、出張に行く際の交通費（仮払い・立替払い）や、従業員の通勤のための交通費などです。

これらについては、少し仕訳が違ってくる場合もありますので、別の項目（➡ P110、140）で説明します。

さらに詳しく

電子マネーの利用などでの注意点

交通費に関して注意すべき点があります。

電車やバスに乗る際に Suica や PASMO などの IC カードを利用することがあると思いますが、IC カードにチャージ（入金）しただけでは交通費として処理しません。交通費以外に使うこともあるからです。

海外出張中など海外で交通機関を利用した場合は、日本の消費税はかかりません。仕訳の際は注意する必要があります。

基本

仕訳 ↑↓

勘定

決算

事務用品費の仕訳

事務用品費かどうかは、使用期間も関係してきます。

あまり高額でないものが対象の事務用品費

　事務用品費も、日々生じる経費です。日用的なボールペンやシャーペン、ホッチキスなど、あまり高額でなく使用期間が1年を超えないような事務機器などは、事務用品費勘定で仕訳します。

・さまざまな事務用品費・

ノート　ペン　コピー用紙　はさみ　のり　プリンタインク

「事務」と名称にあるように、文房具やデスク周り用品・オフィス用品などに限定して使用される勘定科目です。

　事務用品費は費用グループになります。つまり左側チームになるので、事務用品費が発生したら、仕訳では左側に書くのです。
　例えば、プリンターのインク代3,000円を現金で支払ったとすると、次のケース15のような仕訳になります。

借方 ↔ 貸方	
資 産 ⬇	○ 資 産 ⬆
負 債 ⬆	⬇ 負 債
純資産 ⬇	⬆純資産
収 益 ⬇	⬆収 益
費 用 ⬆	⬇費 用

事務用品費の仕訳

ケース⑮ 3,000円のプリンターのインクを購入した

借方		貸方	
事務用品費	3,000	現金	3,000

仕訳 OK!

交通費と同じ
費用グループの
仕訳ね

資産グループである現金が減少しているので右側に書きます。

事務用品費に計上するときの注意点

　事務用品費については、注意点があります。具体例として「あまり高額でない事務機器」と説明しましたが、実務上は税金の計算を行うための法律（税法）で、事務用品費はいくらを基準とするのかが定められています。

　税法の規定は毎年見直されることもあり、また、会社の規模によっても異なってくるのですが、現状では中小企業の場合、30万円未満のものであれば事務用品費として費用処理します。

　なお、30万円以上の場合は備品という勘定になり、これは資産グループに属します。

さらに詳しく
備品は減価償却が必要

　備品として資産計上されたものについては、正しい利益を求めるため、購入に要した金額を使用する期間にわたって費用として計上していく必要があります。これを減価償却といい、第2章（➡ P72）で説明しています。

　減価償却はとても重要な簿記上の処理なので、第4章（➡ P154）でもあらためて説明します。

 ちなみに… 　トイレットペーパー代や掃除用品代などは、事務用品費で処理することもありますが、事務用品費とは分けて、消耗品費として処理することもあります。

基本
仕訳 ↑↓
勘定
決算

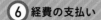

⑥ 経費の支払い　　難易度 ★ ★ ★　仕訳 ↕

接待交際費
の仕訳

会社の接待は、大事な営業活動のひとつでもあります。

取引先をもてなす接待交際費

　仕事では、取引先を接待するために飲食をともにすることも少なくありません。つまり、このような飲み代などは接待交際費に当たります。このような接待交際費も毎日とはいわないまでも、日常的に生じる可能性のある経費です。

・さまざまな接待交際費・

接待対象には、会社の事業に直接取引関係のある人だけでなく、間接的に会社の利害に関係のある人や、自社の役員なども含みます。

会食

ゴルフ接待

　接待交際費勘定は費用グループに属します。つまり、接待交際費が発生したら、仕訳で左側に書きます。
　例えば、取引先を接待するために料亭で食事代 50,000 円を現金で支払ったとしましょう。その場合は、次のケース 16 のように仕訳をしています。

借方	↔	貸方
資 産 ⬆		⬇資 産
負 債 ⬇		⬆負 債
純資産 ⬇		⬆純資産
収 益 ⬇		⬆収 益
費 用 ⬆		⬇費 用

接待交際費の仕訳

ケース⑯ 取引先を接待して 50,000 円支払った

借方		貸方	
接待交際費	50,000	現金	50,000

仕訳OK!

 取引先や事業の関係者への贈り物にかかる費用も、接待交際費に含みます。

接待交際費が
費用だというのは
イメージしやすいわね

税金がかからない接待交際費

　少し応用の話になってしまいますが、接待交際費について注意点があります。税金の計算上の話で、接待交際費の金額が参加者一人あたり5,000 円以下か 5,000 円を超えるかによって、税金の計算に含めるか含めないかが決まってきます。

　ですから実務上、仕訳を行う際には、5,000 円以下か、超えるかで領収書を分けておく必要があります。もっというと、得意先への接待交際費であっても、1 人あたり飲食代が 5,000 円以下ならば、税金の計算上は接待交際費にしなくてもよいのです。なお、この税法上のルールは期限が設けられているため、今後変更される可能性もあります。

さらに詳しく

飲食代を福利厚生費で処理するケース

　取引先との飲食代については接待交際費として処理しますが、社内の忘年会の飲食代については、福利厚生費として処理します。福利厚生費については、後で説明します（➡ P108）。また、会議などで要したお茶代などは、会議費として処理します。福利厚生費も会議費も費用グループなので、発生したら仕訳で左側に記入します。

基本

仕訳 ↑↓

勘定

決算

ちなみに… 接待交際費をたくさん使って税金の支払いを少なくしようとする行為を防ぐために、接待交際費については税金の計算上でさまざまな規定が設けられています。

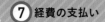

⑦ 経費の支払い　　難易度 ★★★　仕訳 ↑↓

通信費と租税公課
の仕訳

通信費で代表的な切手と、収入印紙の仕訳を見ていきましょう。

通信費が発生したときの仕訳

　取引先に請求書などを封筒に入れて発送する際には、切手代が必要となります。このような切手代やはがき代のことを通信費といい、会社でも頻繁に発生する経費です。

　例えば、取引先に請求書を発送する際の切手代140円を、現金で支払ったとします。通信費勘定は費用グループに属するので、通信費が発生したら、仕訳で左側に書きます。

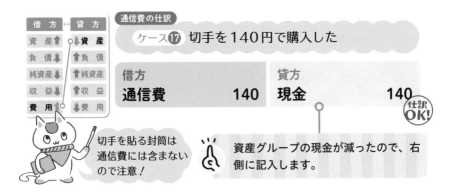

通信費の仕訳

ケース⑰ 切手を140円で購入した

借方		貸方	
通信費	140	現金	140

切手を貼る封筒は通信費には含まないので注意！

資産グループの現金が減ったので、右側に記入します。

仕訳OK!

　通信費には、月々支払いが生じるものもあります。毎月支払いが発生する通信費の代表例は電話代です。固定電話代も携帯電話代も通常、毎月の使用料を翌月に支払いますので、電話代などの通信費は毎月支払いが発生する経費といえます。

　そして今の時代において、毎月支払いが発生する代表的な通信費があります。それは、インターネット関連のものです。これらも毎月、通信

106

費として計上します。会社でホームページを作成しているのであれば、ドメイン料などの支払いも必要になるので、これらも**通信費**として処理することもあります。すべて、切手と同じように仕訳を行います。

租税公課が発生したときの仕訳

領収書などに貼付されている収入印紙は、見かけは切手とそっくりですが、簿記上は通信費としては処理しません。収入印紙は、**印紙税**という税金のひとつですから、通信費ではなく、**税金をあらわす勘定科目である租税公課**で処理します。租税公課は**費用グループ**になります。

なお、税金にはいろいろな種類がありますが、簿記上、販売費及び一般管理費の費用として処理できる税金とできない税金があります。

・販売費及び一般管理費（販管費）の費用の計上について・

販管費に計上できる	販管費に計上できない
印紙税、固定資産税、自動車税など	法人税、住民税など

例えば、収入印紙 200 円を購入・使用し、現金で支払ったとすると、収入印紙は印紙税ですから費用として処理します。仕訳では、**費用グループの租税公課**勘定が発生したことになるので、**左側**に書きます。

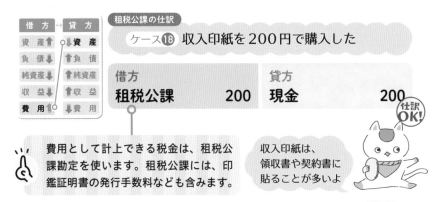

租税公課の仕訳

ケース⓲ 収入印紙を200円で購入した

借方		貸方	
租税公課	200	現金	200

費用として計上できる税金は、租税公課勘定を使います。租税公課には、印鑑証明書の発行手数料なども含みます。

収入印紙は、領収書や契約書に貼ることが多いよ

仕訳OK!

基本

仕訳

勘定

決算

ちなみに… 収入印紙は領収書だけに貼られるわけではなく、契約書も種類や内容によっては必要となることがあります。

福利厚生費
の仕訳

福利厚生費は種類が豊富なので、仕訳時は注意します。

種類が豊富な福利厚生費

　福利厚生費は、従業員の福利厚生を目的として利用される施設や制度にかかる経費です。福利厚生とは、会社が従業員に給与以外の報酬、サービスを提供することです。例えば、社員旅行や従業員への慶弔見舞金などが当てはまります。

　福利厚生費は、毎月1回とか1年に1回など定期的に生じるものばかりではなく、見舞金や祝い金など、臨時的に生じるものもあるので、この章で説明しておきます。

・福利厚生費の例・

福利厚生費は、会社の従業員のためのものであり、業務に直接関連しないものが対象です。

社員旅行

出産
祝い金

　さまざまなものが福利厚生費の対象となりますが、会社が実施している福利厚生は、会社ごとで違ってきます。

・さまざまな福利厚生費・

社員旅行	すべての従業員が参加対象となっている場合。
慶弔見舞金	従業員への病気やケガへの見舞金、従業員の家族が亡くなったときの香典、結婚や出産に対する祝い金など。
社内行事	忘年会、新年会、歓送迎会、運動会、飲み会の費用。
健康診断	定期健康診断、人間ドック、予防接種など。
記念品	永年勤続者の記念品など。
厚生施設費用	社宅・寮（独身寮など）、保養所、スポーツクラブなどの厚生施設。
学資補助	会社業務に必要な資格取得のための学資。

福利厚生費勘定は費用グループに属します。ですので、福利厚生費が発生したら、仕訳で左側に書きます。

例えば、従業員に対して出産祝い金 10,000 円を現金で渡したとすると、次のケース 19 のようになります。

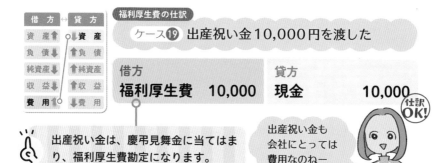

福利厚生費の仕訳

ケース19 出産祝い金 10,000 円を渡した

借方	貸方
福利厚生費　　10,000	現金　　　　　10,000

出産祝い金は、慶弔見舞金に当てはまり、福利厚生費勘定になります。

出産祝い金も会社にとっては費用なのねー

仕訳OK!

基本

仕訳 ↑↓

勘定

決算

消費税の計算に注意

福利厚生費の注意点を1つあげておきます。従業員に対する慶弔見舞金については、消費税が生じる取引ではありません。したがって、消費税の計算をする際には、この慶弔見舞金を税金の計算に含めないようにしましょう。

ちなみに…　接待交際費ほどではありませんが、福利厚生費についても（特に社員旅行や社内行事）、税金計算上、さまざまな規定があります。

経費の仮払い・立替払いでの仕訳

経費の支払いでは、仮払いや立替払いも生じてきます。

仮払い・立替払いをしたときの仕訳

　従業員が、経費の支払いがあるたびに経理にお金をもらいに行くと、従業員も経理も手間がかかってしまいます。

　そこで、ある程度経費の支払いがあることがわかっていれば、前もって経理から従業員に仮払いしておく場合があります。また、突然の出費があれば、従業員に立替えて支払ってもらうこともあるでしょう。ここではそのような仮払い・立替払いのケースの仕訳を見ていきましょう。

・仮払い・立替払いの例・

仮払金は、用途などが不明な金銭の支出を会社が管理するために用います。

交通費仮払い

経費の立替え

● そのほか ●
・出張費の仮払い
・会食の仮払い
・各種保険料の立替払い

　例えば、従業員が出張に行くことになったとします。そうすると旅先で、交通費や接待交際費などである程度お金が必要になります。そこで、経理から従業員に対して 100,000 円を現金で渡したとします。

　そうすると、仮払金が 100,000 円増加することになります。仮払金は、何に使われるかわからないけれど、とりあえず支払いがあった際に使われる勘定科目です。使われずに戻ってくる可能性もあるので、資産グループに属し、増加したら左側に記します。

　仕訳すると、次のケース 20 のようになります。

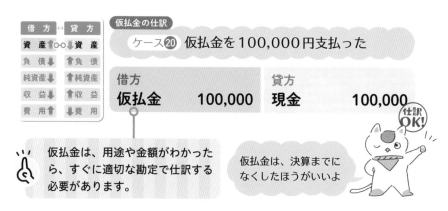

仮払金の仕訳

ケース⑳　仮払金を 100,000 円支払った

借方		貸方	
仮払金	100,000	現金	100,000

仕訳OK!

仮払金は、用途や金額がわかったら、すぐに適切な勘定で仕訳する必要があります。

仮払金は、決算までになくしたほうがいいよ

　従業員は、この仮払金で出張中の経費の支払いを行います。そして、出張が終わって会社に戻ってきたら、経理に領収書などを提出して精算を行うことになります。

　今回は交通費として 80,000 円だけ使ったとします。つまり 20,000 円は使わずに残っているので、経理に返金します。

　この場合、資産グループである仮払金の減少として、右側に書きます。

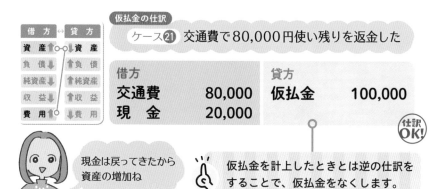

仮払金の仕訳

ケース㉑　交通費で 80,000 円使い残りを返金した

借方		貸方	
交通費	80,000	仮払金	100,000
現　金	20,000		

仕訳OK!

現金は戻ってきたから資産の増加ね

仮払金を計上したときとは逆の仕訳をすることで、仮払金をなくします。

ちなみに…　従業員の少ない小さな会社や、大きな会社でも高額の出張費が必要となる場合などに、経費の仮払いが行われるケースが多いです。

費用グループの交通費が 80,000 円発生したので左側、資産グループの現金が増えたので左側、出張前に計上した仮払金を精算したので、なくすために右側に計上するわけです。

・仮払金の発生から消滅までの流れ・

出張前
仮払金を計上
⇨
出張中
経費の発生
⇨
出張後
経費を計上
仮払金をなくす

経費を立替えた場合の仕訳は2つ

　続いて、経費の立替えです。従業員による経費の支払いが必要になったら、まず従業員が立替えて支払います。その後、経理に対して経費支払いの報告を行って精算してもらいます。

　例えば、前の週の 1 週間で交通費 4,000 円と事務用品費 1,000 円の経費を立替払いをしたので、領収書を添えて経理に報告したとします。経理では、内容を確認して、従業員が立替えて支払った分のお金を渡します。

　このケースの仕訳では、費用グループの交通費と事務用品費が発生しているので左側に書きます。

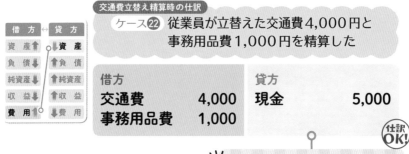

交通費立替え精算時の仕訳
ケース22 従業員が立替えた交通費4,000円と
事務用品費1,000円を精算した

借方		貸方	
交通費	4,000	現金	5,000
事務用品費	1,000		

仕訳OK!

資産グループの現金は、減少しているので右側に記録します。

　従業員の人数が多い会社などは、立替えが発生するたびに一人ひとり現金を渡して精算するのは大変なので、いったん右側に**負債グループ**の**未払金**を計上し、後日まとめて会社の口座から従業員の口座にお金を振り込むやり方もあります。

　この場合の仕訳では、**未払金**という**負債グループ**の勘定科目が増加するので**右側**に書きます。

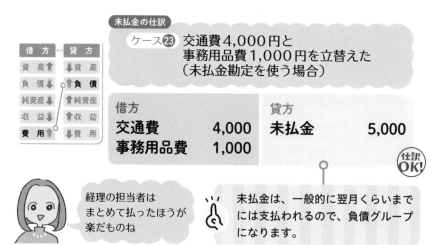

借　方	↔	貸　方
資　産🔺		🔻資　産
負　債🔻		🔺負　債
純資産🔻		🔺純資産
収　益🔻		🔺収　益
費　用🔺		🔻費　用

未払金の仕訳

ケース㉓ 交通費4,000円と
事務用品費1,000円を立替えた
（未払金勘定を使う場合）

借方		貸方	
交通費	4,000	未払金	5,000
事務用品費	1,000		

仕訳OK!

経理の担当者は
まとめて払ったほうが
楽だものね

未払金は、一般的に翌月くらいまでには支払われるので、負債グループになります。

　その後、会社が**未払金**分を従業員の口座に振り込んだ場合は、未払金が**減少**したので**左側**に書きます。

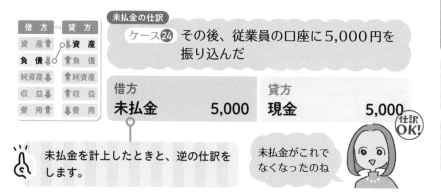

借　方	↔	貸　方
資　産🔺		🔻資　産
負　債🔻		🔺負　債
純資産🔻		🔺純資産
収　益🔻		🔺収　益
費　用🔺		🔻費　用

未払金の仕訳

ケース㉔ その後、従業員の口座に5,000円を
振り込んだ

借方		貸方	
未払金	5,000	現金	5,000

仕訳OK!

未払金を計上したときと、逆の仕訳をします。

未払金がこれで
なくなったのね

ちなみに… 従業員数の多い大きな会社などでは、経費の立替払いが行われるケースが多いです。社員が立替えた経費は、経費精算書という書類で管理する場合もあります。

基本

仕訳 ↑↓

勘定

決算

普通預金
の仕訳

普段の生活でもよく使う普通預金についての仕訳です。

お金を普通預金に入金したケース

今度は、お金の管理の話をしていきます。

売上のお金を現金でもらっている現金商売の会社やお店は、日々の売上の結果、手元に現金がどんどん増えていきます。たくさんお金がたまってしまうと、盗難や紛失の恐れもあるので、通常はこのお金を銀行の預金口座に入金します。

・銀行の普通預金に入金・

防犯上はもちろん、お金の管理上でも、銀行の普通口座に
入金するのが一般的といえます。

例えば、本日の売上の結果、得られた現金 150,000 円を普通預金口座に入金したとします。

この場合、現金も普通預金も資産グループの勘定科目なので、増加した普通預金は左側、減少した現金は右側に記録します。

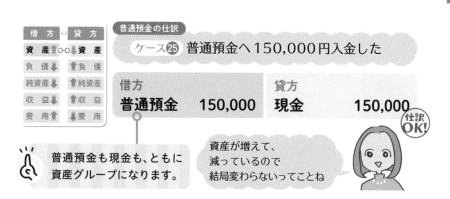

お金を普通預金から引き出したケース

　また逆に、日々の会社の経費の支払いのために、手元の現金が足りなくなりそうな場合は、普通預金口座からお金をおろして手元の現金を増やします。

　例えば、普通預金口座から 120,000 円をおろしてきたとします。この場合の仕訳では、増加した現金は左側、減少した普通預金は右側に記録します。

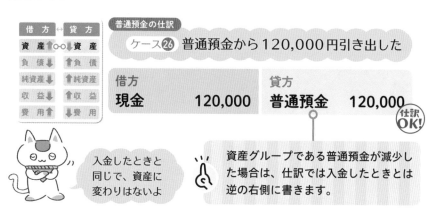

　なお、銀行の普通預金ではなく、定期預金に入金する場合についても、普通預金と仕訳の考え方は変わりません。同じように仕訳をすれば大丈夫です。

ちなみに… 入金や出金は、銀行の窓口や ATM に行くしかありませんが、振込みであればネットバンクを利用して、会社内で行うことが多いです。

基本
仕訳
勘定
決算

小切手と当座預金 の仕訳

小切手で支払った場合と、小切手をもらった場合の仕訳です。

小切手を振り出したときの仕訳

　当座預金では小切手を用いることができ、その結果、商品代金や経費の支払いが楽になるということは前の章（➡ P65）で説明しました。ここでは、小切手を用いて代金の支払いを行った場合や、小切手を受け取った場合の仕訳を紹介します。

　まずは、小切手を用いて代金の支払いを行ったケースです。

・小切手を振り出したケース・

50,000 円の商品を仕入れて、小切手で支払ったケース。

　小切手を振り出したら（発行したら）、それをもらった相手は小切手を現金に換えるために銀行に持っていきます。

　銀行では、小切手を持ってきた人にお金を渡すとともに、小切手を振り出した会社の当座預金を減少させます。ですから、小切手を振り出したら資産グループである当座預金勘定が減少するので、右側に当座預金と記入するのです。

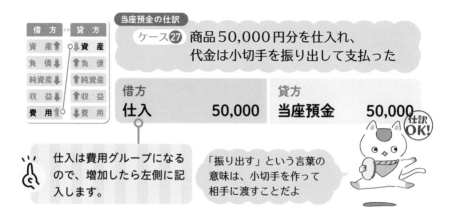

当座預金の仕訳

ケース㉗　商品50,000円分を仕入れ、代金は小切手を振り出して支払った

借方		貸方	
仕入	50,000	当座預金	50,000

仕入は費用グループになるので、増加したら左側に記入します。

「振り出す」という言葉の意味は、小切手を作って相手に渡すことだよ

仕訳OK!

小切手をもらったときの仕訳

このケースで、小切手をもらった側の仕訳も見てみましょう。

商品を販売しているので、売上を右側に書きます。そして左側には現金と記入します。小切手をもらった側は、銀行に小切手を持っていけば、いつでも現金に換えてもらえるので、だったら最初から現金として処理しましょう、という考え方です。

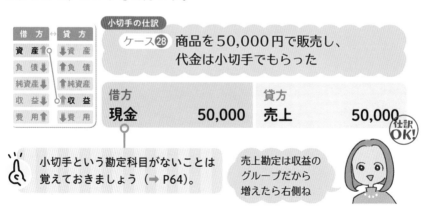

小切手の仕訳

ケース㉘　商品を50,000円で販売し、代金は小切手でもらった

借方		貸方	
現金	50,000	売上	50,000

小切手という勘定科目がないことは覚えておきましょう（→ P64）。

売上勘定は収益のグループだから増えたら右側ね

仕訳OK!

このように、小切手を振り出した側は当座預金の減少となりますが、小切手を受け取った側は当座預金ではなく現金の増加として仕訳しますので、混同しないようにしましょう。

ちなみに…　最近では、ネットバンクの普及によって、当座預金や小切手の利用が減少してきています。

資金移動したとき の仕訳

会社では、特に月の支払日などに資金の移動がよく発生します。

資金移動をしたときの仕訳

　会社では、いくつかの口座を用いて用途に応じて使い分けるのが一般的です。支店や営業所ごとに分けたり、事業ごとに分けたり、入金用と出金用を分けたりするなど、より円滑なお金の管理ができるよう使い分けるのです。

　いくつか複数の口座があると、口座間で資金を移動させることが必要になってきます。得意先から振り込まれた入金用の口座のお金を、仕入先に支払うために出金用の口座に移すケースなどです。これを資金移動といいます。

　例えば、入金用の口座（レタス銀行・普通預金）から、出金用の口座（トマト銀行・普通預金）に 1,000,000 円の資金移動を行ったとします。この場合、普通預金は資産グループなので、増加した方は左側に記入し、減少した方は右側に仕訳します。

借　方 ↔ 貸　方
資　産 ●○○● 資　産
負　債 　　　⬆負　債
純資産 　　　⬆純資産
収　益 　　　⬆収　益
費　用⬆　　⬇費　用

普通預金の仕訳

ケース㉙ レタス銀行からトマト銀行へ 1,000,000円資金移動した

借方	貸方
普通預金（トマト銀行）1,000,000	普通預金（レタス銀行）1,000,000

仕訳 OK!

自分の口座であっても、仕訳は必ず行うよ！

資金の移動では、最終的な会社の資産は変動しません。

振込手数料が発生したときの仕訳

　資金が移動するときには、振込手数料が発生する場合も多いと思います。この振込手数料は**支払手数料**として**計上**します。支払手数料は**費用グループ**となり、発生したら仕訳で**左側**に書くことになります。

　先ほどの資金移動のケースで、600円の振込手数料が発生した場合の仕訳を見てみましょう。なお、振込手数料は振り込んだレタス銀行の口座から引き落とされることになります。

借方 ⟷ 貸方
資　産 ⟷ 資　産
負　債 ⟷ 負　債
純資産 ⟷ 純資産
収　益 ⟷ 収　益
費　用 ⟷ 費　用

普通預金の仕訳

ケース30 資金移動時に振込手数料600円が発生した

借方	貸方
普通預金（トマト銀行）1,000,000	普通預金（レタス銀行）1,000,600
支払手数料　　　　　　　600	

仕訳OK!

ネット取引だと、手数料がないケースもあるわよね

振り込んだ側の口座は、手数料込みの普通預金の減少となります。

さらに詳しく
二重仕訳が起こりやすい資金移動

　銀行口座間の資金移動で起こりがちなのが、銀行口座の通帳残高と預金勘定の残高が一致していない現象が発生する「二重記帳」です。例えば、レタス銀行の普通預金からトマト銀行の普通預金に資金移動したとします。

　このとき、トマト銀行の預金通帳だけを見て仕訳をすればよいのですが、レタス銀行の預金通帳も見て同じ仕訳をしてしまうと二重仕訳になってしまいます。これを防ぐには、特別な仕訳帳を設けるなど一定のルールを定めておく必要があります。

 ちなみに… 資金移動は、厳密には銀行の口座間の移動だけでなく、現金から銀行の預金口座、預金口座から現金といったものも含みます。

小口現金
の仕訳

「お金」を意味する「現金」は、2つの種類に分けることができます。

経費を支払うための現金は小口現金

　交通費などの経費の立替えや仮払いのため、**会社にある手元の現金を従業員に渡す**ことがあります。この場合、経費の支払い用としてストックしている現金は**小口現金**という勘定科目になります。

　会社のお金の流れの一例を考えてみましょう。会社の現金は、経理部門の金庫などでしっかりと管理されています。経理の担当者は、従業員に経費を各部署ですぐに渡すことができるよう、金庫から出した現金を各部署の現金を扱う担当者に預けます。この経理部門で管理されている現金が現金勘定に当たるものであり、各部署の担当者に預けられている現金は小口現金勘定に当たるものになります。

・現金勘定と小口現金勘定の違い・

金庫へ　現金勘定

しっかりと管理されて、出し入れに厳密なチェックが必要な現金のこと。

経費の支払い用　小口現金勘定

手元に置いておいて、すぐに出すことのできる小額の現金のこと。

　小口現金にお金を 50,000 円補給する際に、普通預金からお金をおろしてきたとすると、普通預金が減少して、資産グループの小口現金が増加するので、次のケース 31 のように仕訳します。

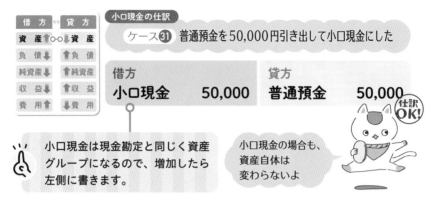

小口現金の仕訳

ケース③① 普通預金を50,000円引き出して小口現金にした

借方		貸方	
小口現金	50,000	普通預金	50,000

仕訳OK!

小口現金は現金勘定と同じく資産グループになるので、増加したら左側に書きます。

小口現金の場合も、資産自体は変わらないよ

その後、小口現金から従業員の交通費 2,000 円を支払ったとします。その場合は、交通費が発生する一方、小口現金が減少します。

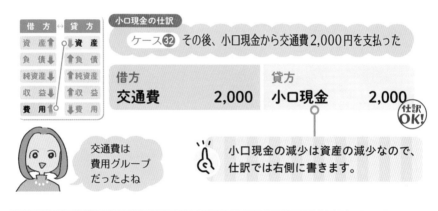

小口現金の仕訳

ケース③② その後、小口現金から交通費2,000円を支払った

借方		貸方	
交通費	2,000	小口現金	2,000

仕訳OK!

交通費は費用グループだったよね

小口現金の減少は資産の減少なので、仕訳では右側に書きます。

小口現金担当者が管理

会社の規模が大きくなると、小口現金のやりとりを経理だけで行うと大変なので、前に説明したとおり、部署ごとに小口現金の担当者を決めておき、そこで経費のやりとりを行うことがあります。

この場合、部署ごとの小口現金担当者は経理に対して、小口現金の使用内容を定期的に報告したり、小口現金の補給をお願いしたりします。このように会社内で小口現金を用いることで、より円滑な業務運営ができ、会計上も現金勘定とは別に計上する必要があるのです。

ちなみに… 経費の支払いはすべて従業員の立替払いで行って、社内はキャッシュレスという会社も増えています。その場合は、小口現金を用いることはありません。

帳簿上と実際の現金が合わないときの仕訳

現金が合わなくなったら、現金過不足勘定を使います。

現金が合わないときの仕訳

　日々、たくさんの現金の受け渡しをしていると、帳簿に記録した現金の残高と、会社やお店にある金庫やレジの現金とが合わなくなってしまうことがあります。

　合わない原因を調査して、すぐに理由がわかればよいのですが、もし合わない理由がすぐにはわからないようであれば、**いったん帳簿の金額を実際の金額に合わせておく**処理をします。

　例えば、帳簿上は 62,000 円の残高だったのに対して、実際には 60,000 円しかなかったようなケースです。この場合は、帳簿の残高 62,000 円を実際の 60,000 円に合わせるために、現金を 2,000 円減らす処理をします。

　具体的な仕訳では、**右側に現金**を書き、左側には現金の帳簿と実際が食い違っていることをあらわす**現金過不足**という勘定科目を計上しておきます。

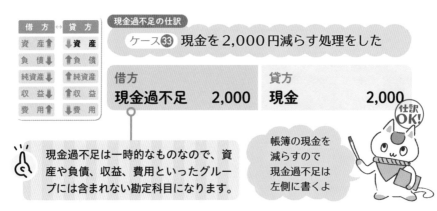

借 方	←	貸 方
資 産 ⬆		⬇資 産
負 債 ⬇		⬆負 債
純資産 ⬇		⬆純資産
収 益 ⬇		⬆収 益
費 用 ⬆		⬇費 用

現金過不足の仕訳

ケース㉝ 現金を 2,000 円減らす処理をした

借方		貸方	
現金過不足	2,000	現金	2,000

現金過不足は一時的なものなので、資産や負債、収益、費用といったグループには含まれない勘定科目になります。

帳簿の現金を減らすので現金過不足は左側に書くよ

仕訳OK!

その後、調査を行って原因が判明したら、現金過不足をなくして適切な勘定科目を計上します。例えば、交通費を支払った際に仕訳をするのを忘れていたということであれば、次のように仕訳します。

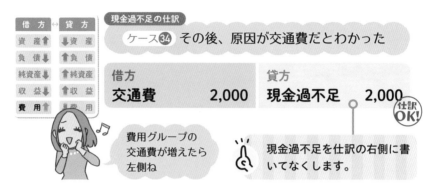

現金過不足の仕訳

ケース34 その後、原因が交通費だとわかった

借方		貸方	
交通費	2,000	現金過不足	2,000

費用グループの交通費が増えたら左側ね

現金過不足を仕訳の右側に書いてなくします。

最後まで現金過不足勘定が残った場合

場合によって1年の最後まで理由がわからないということもあります。そのような場合には、現金過不足をなくしてしまいます。

そして、理由はわからないけれど、お金が減ってしまっていたのであれば損をしたと考えられるので、雑損という費用グループの勘定科目で処理します。

反対に、理由はわからないけれどお金が増えていたのであれば、儲かったと考えられるので、雑益という収益グループの勘定科目で処理します。

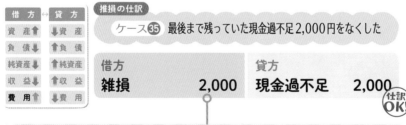

雑損の仕訳

ケース35 最後まで残っていた現金過不足2,000円をなくした

借方		貸方	
雑損	2,000	現金過不足	2,000

費用である雑損の増加は左側に書きます。一方、雑益は収益なので増加したら右側に書くことになります。

ちなみに… 帳簿と実際の現金が合わないということは、小売業などでは頻繁に起こりうる話です。その場しのぎで合わせることをするのではなく、正しい処理が大切です。

現金出納帳、固定資産台帳という帳簿

補助簿は、より細かな情報を記しておくための帳簿になります。

さまざまな補助簿

　会社では日々の取引を仕訳帳に仕訳し、その後、総勘定元帳の勘定に書き写していきますが、会社が作成する帳簿は仕訳帳と総勘定元帳だけではありません。それ以外にも必要に応じて、帳簿を作成します。

　例えば、現金については現金勘定でも残高などを知ることができますが、より詳細にどのような理由でお金が入ってきて、どのような理由でお金が出ていったのかを管理するために現金出納帳を作成します。

　なお、仕訳帳と総勘定元帳を主要簿といい、それ以外の帳簿のことを補助簿といいます。

・補助簿のさまざまな種類・

現金出納帳	現金の出入りを記す帳簿。
固定資産台帳	会社の固定資産の一覧を記入する帳簿。
商品有高帳	商品の在庫数や払出単価を記録する帳簿。
得意先元帳	得意先ごとの売掛金について記入した帳簿。
仕入先元帳	仕入先ごとの買掛金について記入した帳簿。
売上帳	売上について記した帳簿。
仕入帳	仕入について記した帳簿。
受取手形記入帳	受取手形の明細を記した帳簿。
支払手形記入帳	支払手形の明細を記した帳簿。
当座預金出納帳	当座預金のお金の出入りを記した帳簿。
小口現金出納帳	小口現金の出入りを記した帳簿。

実務上でよく作成されている補助簿の例として、現金出納帳と固定資産台帳があるので、その2つの記入例を紹介しておきます。

お金の出入りを記す現金出納帳

現金出納帳は、日付ごとに、お金が入ってきたらその理由を摘要欄に記入したうえで、収入欄に金額を記入します。また、お金が出ていった場合は、その理由を摘要欄に記入したうえで、支出欄に金額を記入します。

そして、その結果として、日々の残高を計算し記録します。

現金出納帳のサンプル

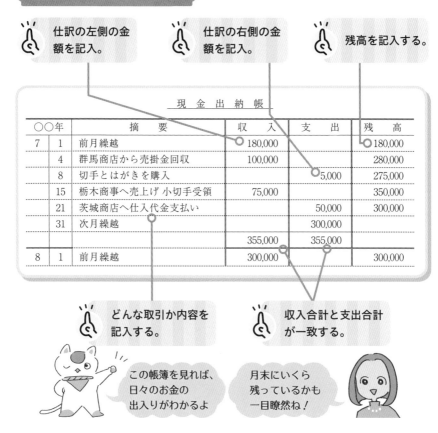

仕訳の左側の金額を記入。

仕訳の右側の金額を記入。

残高を記入する。

現　金　出　納　帳

○○年		摘　要	収　入	支　出	残　高
7	1	前月繰越	180,000		180,000
	4	群馬商店から売掛金回収	100,000		280,000
	8	切手とはがきを購入		5,000	275,000
	15	栃木商事へ売上げ 小切手受領	75,000		350,000
	21	茨城商店へ仕入代金支払い		50,000	300,000
	31	次月繰越		300,000	
			355,000	355,000	
8	1	前月繰越	300,000		300,000

どんな取引か内容を記入する。

収入合計と支出合計が一致する。

この帳簿を見れば、日々のお金の出入りがわかるよ

月末にいくら残っているかも一目瞭然ね！

ちなみに… 現金出納帳は補助簿の中でも一番重要で、作成している会社も多いです。手元に現金がある会社であれば、通常は作成するものです。

減価償却費も記す固定資産台帳

固定資産台帳は、会社の保有している建物や備品、車両などの固定資産の一覧を記入した帳簿です。

そして、固定資産ごとに、いつ買ったのか、いくらで購入したのか、何年使うつもりなのか、現時点の価値はいくらあるのかなど、減価償却（➡ P72、154）の計算に必要な内容を記録します。

·固定資産台帳のサンプル·

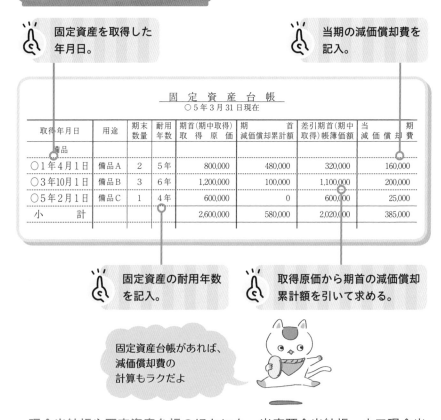

固定資産を取得した年月日。

当期の減価償却費を記入。

固定資産の耐用年数を記入。

取得原価から期首の減価償却累計額を引いて求める。

固 定 資 産 台 帳
○5年3月31日現在

取得年月日	用途	期末数量	耐用年数	期首（期中取得）取 得 原 価	期　　　首減価償却累計額	差引期首（期中取得）帳簿価額	当　　　　期減 価 償 却 費
備品							
○1年4月1日	備品A	2	5年	800,000	480,000	320,000	160,000
○3年10月1日	備品B	3	6年	1,200,000	100,000	1,100,000	200,000
○5年2月1日	備品C	1	4年	600,000	0	600,000	25,000
小　　計				2,600,000	580,000	2,020,000	385,000

固定資産台帳があれば、減価償却費の計算もラクだよ

現金出納帳や固定資産台帳のほかにも、当座預金出納帳、小口現金出納帳、売上帳、仕入帳など、おもに勘定科目のカテゴリーに応じたさまざまな補助簿があります。

しかし、これらの**補助簿**は、会社としてはすべてを作成する必要はなく、特にこの項目に関して詳細に管理したいと考えた場合に、特定の補助簿を作成することになります。

・売上帳のサンプル・

この表は売上帳だよ。すべての売上を記入するよ

売　上　帳

○○年		摘　　　　　要	内　訳	金　　額
11月	21日	福井商店　　　　　　　　掛		
		ベルト　60本　@¥10,000		600,000
	23日	石川商店　　　　　　　　掛		
		ネクタイ　30本　@¥5,000	150,000	
		ハンカチ　100枚　@¥1,000	100,000	250,000
	(26日)	(福井商店)　　　　　(掛戻り)		
		(ベルト　5本　@¥10,000)		(50,000)
	30日	総　売　上　高		850,000
	(〃)	(売上戻り高)		(50,000)
		純　売　上　高		800,000

・仕入先元帳のサンプル・

仕　入　先　元　帳
○○商店

○年		摘　要	借　方	貸　方	借または は貸	残　高
8月	1日	前 月 繰 越		600,000	貸	600,000
	12日	仕　　　入		400,000	〃	1,000,000
	23日	仕　　　入		350,000	〃	1,350,000
	27日	返　　　品	50,000		〃	1,300,000
	30日	支　　　払	600,000		〃	700,000
	31日	次 月 繰 越	700,000			
			1,350,000	1,350,000		
9月	1日	前 月 繰 越		700,000	貸	700,000

仕入先元帳は取引先ごとに作成するんだよ

仕入先ごとの買掛金の明細がわかるのね

固定資産台帳は固定資産税の申告などでも必要になってくるので、ほとんどの会社は作成しているはずです。

IT、AI、会計ソフトと経理

　パソコンが仕事の現場でふつうに使用されるようになってから、会社の経理業務においてもほぼすべてといってもよいくらい会計ソフトが用いられています。

　有名な会計ソフトとして勘定奉行や弥生会計、TKC といったものがあります。また最近では、インターネット上で経理処理を行うクラウド会計を利用する会社も増えてきています。

　大企業になってくると経理業務単独で使用する会計ソフトではなく、社内すべての管理業務をまとめてシステム化した ERP と呼ばれる仕組みを利用することも多いです。有名なのが SAP というドイツ企業で、日本の大企業でも利用しているところが多いです。

◆IT 化が進み、仕訳も自動に行われる時代へ

　会計ソフトを用いて経理業務を行う場合は、請求書や領収書などにもとづいて会計ソフトに仕訳を入力します。すると、その後の勘定、試算表、貸借対照表、損益計算書の作成は会計ソフトが自動で行ってくれます。仕訳も自動で生成してくれるシステムもあり、今後、IT や AI がさらなる発展を遂げれば、その流れも加速すると思われます。

　ですが、肝となる仕訳は人による手入力が必要になると思いますし、例外的なことが起きた場合には、やはり仕組みを知っておかないと対処できなくなるので、簿記の知識自体が不要になるわけではありません。

　また、その会社の経理の仕組みをわかっている人がいないと、IT や AI を適切に導入、保守、管理することもできないので、経理や簿記の知識は、今後も重要なものといえるでしょう。

第4章

毎月の実務で
使う簿記

会社の簿記の業務は、大きくは月単位で分けることができます。
その理由のひとつが、月ごとに会社の経営状況を知るための月
次決算の存在にあります。また、取引先とのお金のやりとりな
ど、月単位で行われる簿記についても見ていきましょう。

それ以外にも、**社会保険や月単位の交通費、会社の利益の計算も**しなくっちゃね

そういえば**全社員の給料日も**あるわ…

ひぃ

月単位の決算である**「月次決算」**を行うから月末は忙しいんだ

● 月次決算で作成するもの ●

・**貸借対照表**（→ P179）

・**損益計算書**（→ P178）

でも、逆に**月次決算ができれば簿記の基礎は**バッチリってこと

つまり、ここが簿記の最初の山場ってことね…

よーし！月ごとの仕訳をマスターするぞ〜！

気合いだけは一人前だね

① 得意先・仕入先 　　　　難易度 ★★★ 仕訳

請求書の発行と受取りの仕訳

会社同士の取引では、請求書は毎月発生します。

請求書を発行するときの仕訳

個人を対象とする商売では、商品を売上げたら、すぐに現金が入ってきます。しかし、会社を対象とする商売の場合は、すぐに現金は入ってこないのがふつうです。

会社同士の商売では、継続的に取引を行うので、1か月分の売上を翌月に集計して、その月の後半に支払ってもらう、などという方法をとるのが一般的です。

例えば、取引先に1か月間で、合計1,000,000円分の商品を販売したとします。お金は、翌月末に支払ってもらう契約になっていたとします。この場合、下のケース36ような仕訳になります。

商品を売り上げたので、売掛金勘定という資産グループが増加したことになります。ですから、左側に売掛金と記入します。

借 方	↔	貸 方
資 産 ⬆		⬇ 資 産
負 債 ⬇		⬆ 負 債
純資産 ⬇		⬆ 純資産
収 益 ⬇		⬆ 収 益
費 用 ⬆		⬇ 費 用

売上の仕訳

ケース36 商品を1,000,000円分掛けで販売した

借方		貸方	
売掛金	1,000,000	売上	1,000,000

仕訳 OK!

売掛金はお金をもらうことができる権利だったわよね

右側は売上という収益が発生するので売上を記入します。

　このように仕訳すると同時に、取引先に対して、この分の**請求書**を発行して送付します。**請求書**は、「これだけ商品を販売したので、お金を払ってください」という書類のことです。

　請求書の作成は、経理で行う会社もあれば、営業の担当者が行う会社もあります。**請求書**を発行しないと、相手側が支払いを忘れてしまう可能性もあります。また、支払う側も税務署などに対して**お金を支払った証拠書類**にもなるので、一般的に**請求書**でやり取りすることがほとんどです。

請求書を受け取ったときの仕訳

　今度は、**請求書**を受け取ったときの仕訳を見ていきます。商品を購入して取引先が発行した**請求書**を受け取れば、**仕入**の計上を行います。

　仕訳は下の**ケース37**のようになります。商品を購入したので、**負債グループ**の**買掛金**勘定が増加します。**負債グループ**は**右側チーム**なので、増えた場合は右側に記入します。

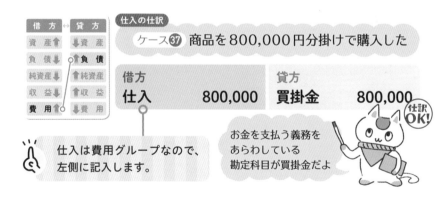

仕入の仕訳

ケース**37** 商品を800,000円分掛けで購入した

借方		貸方	
仕入	800,000	買掛金	800,000

仕入は費用グループなので、左側に記入します。

お金を支払う義務をあらわしている勘定科目が買掛金だよ

仕訳OK!

　請求書を受け取ったら、そこに書かれている金額をそのまま信じて仕訳したり、お金を支払ったりするのではなく、納品書に書かれている金額と**請求書**を照合するなど、きちんと確認をします。

　なお、**納品書**とは、「これだけ商品を納めましたよ」という書類のことです。

ちなみに… 最近では、請求書もPDFの電子データにして、メールでやり取りするケースも増えてきました。

② 得意先・仕入先　　難易度 ★★★　仕訳 ↕

売掛金の回収と 買掛金の支払いの仕訳

売掛金と買掛金の処理は、簿記では不可欠です。

売掛金を回収したときの仕訳

　会社に対して商品を販売して売掛金を計上したら、ふつうはその翌月末に売掛金の代金を回収することになります。

　事前に請求書を発行しているので、取引先から請求書に記載された金額のお金が振り込まれてきます。請求書を発行した際に、「○○銀行の普通預金の口座番号＊＊＊＊＊＊に振り込んでください」と記入しておくので、その口座に支払いが行われるというわけです。それでは、売掛金を回収したときの仕訳を見てみましょう。

売掛金を回収したケース

自社

請求書

売掛金勘定

売掛金の回収

取引先

○○電気

請求書の額面が振り込まれれば、売掛金はなくさなければなりません。

　例えば、売掛金 1,000,000 円が普通預金口座に振り込まれてきたとします。この場合の仕訳は次のケース 38 のようになります。売掛金を回収できたので、資産グループである売掛金勘定は減少します。なので、右側に売掛金を記入します。

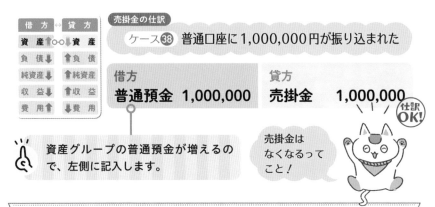

売掛金の仕訳

ケース❸ 普通口座に1,000,000円が振り込まれた

借方
普通預金　1,000,000

貸方
売掛金　　1,000,000

資産グループの普通預金が増えるので、左側に記入します。

売掛金はなくなるってこと！

仕訳OK!

買掛金を支払ったときの仕訳

反対に、商品を仕入れて買掛金を計上している場合は、その代金を支払うことになります。

例えば、買掛金800,000円を普通預金口座から振り込んだとします。買掛金を支払ったので、負債グループである買掛金勘定は減少します。なので、下のケース39のように左側に買掛金を記入します。

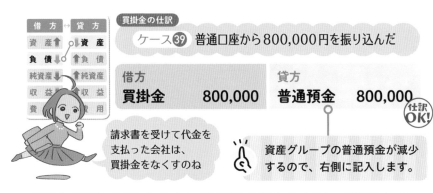

買掛金の仕訳

ケース❸ 普通口座から800,000円を振り込んだ

借方
買掛金　　800,000

貸方
普通預金　800,000

請求書を受けて代金を支払った会社は、買掛金をなくすのね

資産グループの普通預金が減少するので、右側に記入します。

仕訳OK!

基本
仕訳 ↑↓
勘定
決算

売掛金が回収できたかどうかの確認や買掛金の支払いの業務は、ひと昔前であれば、銀行に行って通帳記入や振込操作が必要でした。

しかし、最近はネットバンクの利用が行われることが多くなり、担当者は会社にいながら、売掛金の回収の確認や買掛金の支払いの作業ができるようになりました。

ちなみに…　売掛金の回収は、経理の仕事の中でも特に重要性の高い業務です。期日通りに正確に回収されているかどうかを確認する必要があります。

誤入金・誤払い のときの仕訳

月末の振り込みが正しく行われなかったときの対応を見ていきます。

誤入金だったときの対応

　ちゃんと入金はあったものの、請求した金額とは違った金額が振り込まれてくることもあります。このような誤入金では、発行した請求書の控えなどともう一度照合したうえで、**取引先に連絡して金額が違っていることを伝えます**。

　支払いもれや誤払いの連絡を受けた支払い側は、なぜ、もれや金額が違ったのかを請求書などで確認します。相手側の指摘が間違っていることもあるので、入念に確認する必要があります。支払い側のミスであることがわかったら、その時点で支払い手続きを行うことになります。

誤入金のときの仕訳

　例えば、もともとは売掛金自体は 550,000 円が計上されていたとします。その場合、仕訳は次の**ケース 40** のようになります。

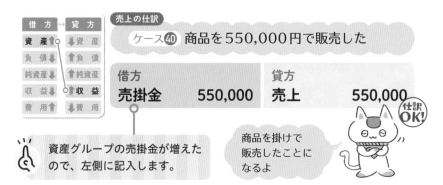

借方 ↔ 貸方
資 産↑○ ↓資 産
負 債↓ ↑負 債
純資産↓ ↑純資産
収 益↓ ○↑収 益
費 用↑ ↓費 用

売上の仕訳

ケース40 商品を 550,000 円で販売した

借方		貸方	
売掛金	550,000	売上	550,000

仕訳 OK!

資産グループの売掛金が増えたので、左側に記入します。

商品を掛けで販売したことになるよ

支払いの期日がきて、税抜 500,000 円、消費税 50,000 円で、合計550,000 円の入金をしてもらうべきところを誤って 500,000 円だけが入金され、消費税 50,000 円の入金もれがあったとします。普通預金に振り込まれたので、右側に資産グループの売掛金勘定を、左側に資産グループの普通預金勘定を記入します。

入金の仕訳

ケース❹ 売掛金のうち500,000円が普通預金に入金された

借方		貸方	
普通預金	500,000	売掛金	500,000

仕訳OK!

こちらから入金もれの連絡をしたのであれば、追加で 50,000 円が入金されることになるので、売掛金がさらに 50,000 円減少します。前の仕訳同様、資産グループの売掛金が減ったので、右側に記入します。

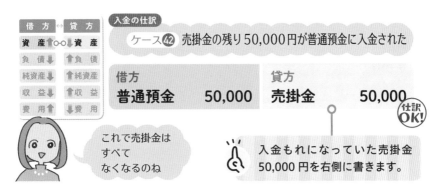

入金の仕訳

ケース❹ 売掛金の残り50,000円が普通預金に入金された

借方		貸方	
普通預金	50,000	売掛金	50,000

仕訳OK!

これで売掛金はすべてなくなるのね

入金もれになっていた売掛金50,000円を右側に書きます。

> **さらに詳しく**
> ### 売掛金が入金されない場合
>
> 売掛金が入金されない場合、経理担当者は取引先に連絡して、請求した金額が入金されていないことを伝える必要があります。会社によっては 2 ～ 3 日くらい待ってみるところもあるようですが、約束の日の夕方や翌日に連絡する会社が多いです。

 ちなみに…　回収・支払いもれや誤入金・誤払いによる相手先への連絡は、経理業務の中で憂うつな作業のひとつです。

誤入金には、**約束していた金額よりも多く入金があるケースもあります**。この場合、誤入金が判明した段階で、次のような仕訳を行います。

　例えば、売掛金が 300,000 円であったのにもかかわらず 500,000 円の入金があったとします。つまり、200,000 円多く入金があったことになります。この場合の仕訳では、次のケース 43 のように、**勘定科目に一時的な負債グループである仮受金を使います。負債グループの増加なので、仕訳の右側に書きます**。

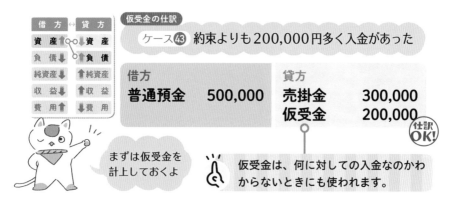

仮受金の仕訳

ケース❹ 約束よりも 200,000 円多く入金があった

借方		貸方	
普通預金	500,000	売掛金	300,000
		仮受金	200,000

仕訳 OK！

まずは仮受金を計上しておくよ

仮受金は、何に対しての入金なのかわからないときにも使われます。

　その後、多く入金のあった 200,000 円を相手側に返したとします。その場合は、仮受金について前の仕訳と反対の仕訳を行って、なくす必要があります。

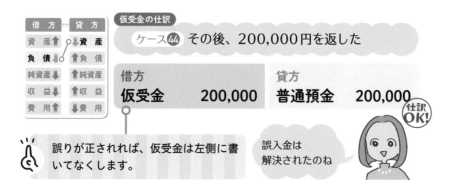

仮受金の仕訳

ケース❹ その後、200,000 円を返した

借方		貸方	
仮受金	200,000	普通預金	200,000

仕訳 OK！

誤りが正されれば、仮受金は左側に書いてなくします。

誤入金は解決されたのね

　この仕訳を行ったことで、多く入金された分の処理は完了します。次は誤払いのときの仕訳を見ていきます。

誤払いのときの対応と仕訳

誤払いがあったことがわかったときは、すぐに支払った先に連絡します。もともとは買掛金が 300,000 円あったとします。それにもかかわらず、400,000 円と本来払うべき金額よりも多く支払ってしまった場合の仕訳は**ケース 45** のようになります。

多く支払ったのは 100,000 円です。この分の勘定科目には、**資産グループの仮払金**を使います。ただし、仮払金も一時的に使われる勘定科目です。なので、**正しい勘定科目や金額が決まったら、すぐにその勘定科目に替える**ことが大事です。

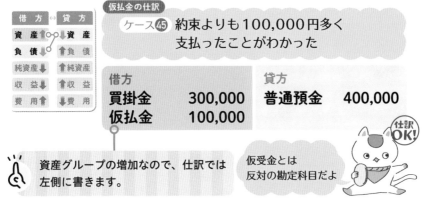

ケース45 約束よりも100,000円多く支払ったことがわかった

借方		貸方	
買掛金	300,000	普通預金	400,000
仮払金	100,000		

資産グループの増加なので、仕訳では左側に書きます。

仮受金とは反対の勘定科目だよ

その後、100,000 円を相手から返してもらったら、次の**ケース 46** のように仕訳をします。

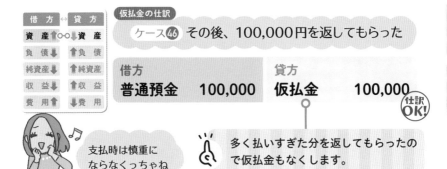

ケース46 その後、100,000円を返してもらった

借方		貸方	
普通預金	100,000	仮払金	100,000

支払時は慎重にならなくっちゃね

多く払いすぎた分を返してもらったので仮払金もなくします。

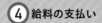

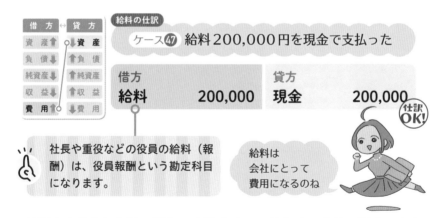

給料と交通費の仕訳

給料・交通費は、毎月の支払いを代表する勘定科目です。

給料を支払ったときの仕訳

　会社は従業員に対して給料を支払います。売上を獲得したり、事務作業をしたりするために働いてもらっているので、給料を支払うわけです。

　例えば、従業員が1か月間働いてくれたので、給料200,000円を現金で支払ったとします。

　その場合の仕訳は、ケース47のようになります。給料勘定は費用グループなので、発生したら仕訳で左側に書きます。また、現金が減少するので仕訳で右側に記入します。

借 方 ⟷ 貸 方
資 産 ↑ ⟷ ○資 産
負 債 ↓ ⟷ ↑負 債
純資産 ↓ ⟷ ↑純資産
収 益 ↓ ⟷ ↑収 益
費 用 ↑ ⟷ ↓費 用

給料の仕訳

ケース47　給料200,000円を現金で支払った

借方		貸方	
給料	200,000	現金	200,000

仕訳OK!

社長や重役などの役員の給料(報酬)は、役員報酬という勘定科目になります。

給料は会社にとって費用になるのね

　給料を支払うときは、現金で支給するのではなく、会社の預金口座から従業員の普通預金口座に振り込むことがほとんどだと思います。

　会社が普通預金口座から支払ったとすると、現金勘定ではなく資産グループの普通預金勘定になるので、それが減少したのであれば仕訳で右側に書きます。

給料の仕訳

ケース48 給料200,000円を普通口座から支払った

借方		貸方	
給料	200,000	普通預金	200,000

今はだいたい銀行振り込みだものね

普通預金口座からの支払いも、現金と同じように資産の減少です。

仕訳OK!

通勤のための交通費を支払ったときの仕訳

　給料の支払い時に、従業員の通勤に必要な交通費を支給するケースも多いです。例えば、今月の通勤に必要な交通費3,000円を現金で支払ったとします。交通費は費用グループになるので、発生したらケース49のように仕訳で左側に書きます。

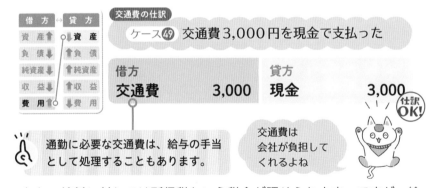

交通費の仕訳

ケース49 交通費3,000円を現金で支払った

借方		貸方	
交通費	3,000	現金	3,000

通勤に必要な交通費は、給与の手当として処理することもあります。

交通費は会社が負担してくれるよね

仕訳OK!

　なお、給料に対しては所得税という税金が課せられます。ですが、給料と同時に支払われることの多い通勤の交通費については、所得税の対象とはなっていません。

　ただし、これには上限があります。月に15万円までは所得税が非課税となりますが、15万円を超えると給料の一部とみなされて、所得税が課税されることになります。

ちなみに… 給料の仕訳は、所得税・住民税といった税金や社会保険料の計算にも影響を与えるので、慎重に行う必要があります。

基本

仕訳 ↑↓

勘定

決算

所得税・住民税の 預かりと納付の仕訳

預り金は、従業員の税金などを会社が支払うための科目です。

従業員に代わって会社が税金を納める

　給料からは、さまざまな金額が差し引かれるものです。200,000円の給料だとしたら、会社は200,000円をそのまま従業員に支払うのではなく、給料から一部の金額を差し引き、残額を従業員に支払うことになります。

　給料から差し引かれるものには、いくつか種類があるのですが、何といっても代表例は税金です。従業員が給料から引かれる税金には、所得税と住民税があります。

税金などを給料から引くことを源泉徴収というよ

・従業員にかかる2種類の税金・

所得税	住民税

今の給料（所得）に対して国に納めなければいけない税金。

前年の給料（所得）に対して市区町村に納めなければいけない税金。

　本来であれば、従業員が自分自身で、もらった給料から税金を納めるべきですが、そうすると従業員の手間が増えてしまいます。税務署や市

区町村にとっても、事務作業が大変になったり、確実に支払ってもらえないおそれなども出てきます。

　そこで、社会の仕組みとして、本来、従業員が納めるべき税金を給料支払い時に会社が預かって、全従業員の分をまとめて、会社が税務署（国）や市区町村に納めることになっています。

　なお、従業員 3 人未満の会社は、従業員の住民税を天引きすることなく、各自が直接、納付書で税金を納めることもできます。会社が天引きする方法を特別徴収というのに対して、自分で税金を納める方法は普通徴収といいます。

預り金を従業員から預かったときの仕訳

　例えば、従業員への給料 200,000 円が発生し、そこから所得税や住民税といった税金を 20,000 円預かって、残金の 180,000 円を現金で支払ったとします。

　預かった税金は預り金という勘定科目で処理します。預り金は、その後、税務署などにお金を支払わなければならないので、負債グループに属します。給料は費用グループでしたね。それでは、実際の仕訳を見てみましょう。

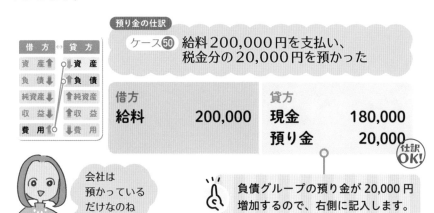

預り金の仕訳

ケース50　給料 200,000 円を支払い、税金分の 20,000 円を預かった

借方		貸方	
給料	200,000	現金	180,000
		預り金	20,000

会社は預かっているだけなのね

負債グループの預り金が 20,000 円増加するので、右側に記入します。

ちなみに…　住民税を徴収する市区町村からすると、普通徴収より特別徴収のほうが支払もれがなく確実なので、会社には特別徴収による納付を要請しています。

なお、預り金を「所得税預り金」「住民税預り金」と、細かく分ける
こともできます。それぞれの税金は納めるところが違うため、別に計上
することで管理がしやすくなるというメリットがあります。

・ 2つの預り金の勘定科目 ・

所得税預り金	従業員の給与から控除した、所得税を計上する負債グループの勘定。
住民税預り金	特別徴収のために従業員の給与から控除した、住民税を計上する負債グループの勘定。

預り金を支払ったときの仕訳

　その後、会社は従業員から預かった税金（預り金）を税務署や市区町
村に支払うことになり、預かった税金を支払った段階で仕訳を行うこと
になります。

　先ほどの預り金 20,000 円を現金で支払ったとすると、次のケース
51 のような仕訳を行います。負債グループである預り金の減少は左側
に書きます。

預り金を税務署や
市区町村に支払うので、
預り金をなくすのね

現金が減少するので右側に
記入します。

　実務上は、所得税も住民税も各月の 10 日までに納めることになって
います。

　ただし、小さな会社の所得税の納付については、税務署に届出をして
いれば、半年に 1 回の支払いでもよいことになっています（従業員数
が 10 人未満の会社の場合）。

毎月の給料から引かれる所得税は仮の計算

　毎月の給料から差し引かれる所得税は、給料の金額や扶養親族（配偶者や子ども）の人数などによって決まります。毎月の給料から差し引かれる所得税の計算は、あくまでも仮の計算であり、正確な計算は年単位で行います。

　所得税の計算では、さまざまな所得控除があるので、それらも加味して行います。所得控除とは、給料の金額から一部を差し引くことのできる金額のことであり、その結果、所得税の額を少なくすることができます。所得控除の代表例としては、生命保険料の支払いなどがあります。

　毎年年末になると、これら正式な所得税の額を計算するための調整作業を行いますが、これを年末調整といいます。

さらに詳しく
年末調整の仕訳の一例

　年末調整を行った結果、実際の所得税の過不足額が決定します。決定した所得税に対して、これまで徴収、納付した金額が少なければ従業員から追加で徴収し、多ければ還付（返すこと）する必要があります。

　一般的には、年末調整時に生命保険などの所得控除があるなどの理由で、還付するケースのほうが多いです。

　年末調整の仕訳は、時期ややり方などによって、いくつかの方法が考えられますが、その一例を紹介します。例えば、毎月の給料が200,000円の従業員で、所得税の預り金が20,000円だったとします。年末調整を行った結果5,000円の還付が生じたとすると、この還付を12月の給料支払とともに行った場合は、以下のような仕訳を行います。

借方		貸方	
給料	200,000	現金	185,000
預り金	5,000	預り金	20,000

　左側の預り金は還付することになったものであり、右側の預り金は12月分の預り金です。左側と右側の預り金を相殺して、右側だけに15,000円を計上しても構いません。

基本／仕訳↑↓／勘定／決算

社会保険の預かりと納付の仕訳

社会保険も、給料から天引きされるものになります。

社会保険分の天引きも預り金

　給料から差し引かれるものは、税金だけではありません。一般的には、税金のほかに、厚生年金保険、健康保険、雇用保険といった社会保険と呼ばれるものも差し引かれます。

給与の額に応じてこれらの社会保険料が増えたり、減ったりするよ

・従業員にかかるおもな社会保険・

社会保険の種類		管轄する機関
厚生年金保険	退職後に年金をもらうためのもの。一定期間支払い続ける必要がある。	年金事務所
健康保険	病気やケガで病院を受診した際に、保険の適用を受けて医療費を低くするためのもの。	年金事務所もしくは健康保険組合
雇用保険	失業した際に失業手当をもらうためのもの。	労働基準監督署など

　例えば、200,000円の給料に対して所得税、住民税、厚生年金保険、健康保険、雇用保険の預り金の合計が70,000円で、残金は現金で支払ったとします。

すべてまとめて預り金勘定で仕訳すると、下のケース52のようになります。負債グループの預り金が増加するので、右側に記入します。

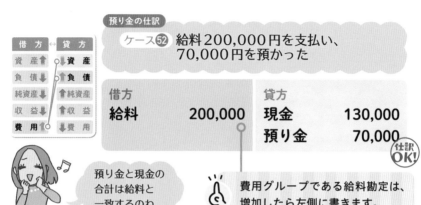

預り金の仕訳

ケース52 給料200,000円を支払い、70,000円を預かった

借方		貸方	
給料	200,000	現金	130,000
		預り金	70,000

預り金と現金の合計は給料と一致するのね

費用グループである給料勘定は、増加したら左側に書きます。

所得税や住民税は、所得税預り金勘定、住民税預り金勘定として、それぞれ仕訳できることにふれましたが（➡ P144）、社会保険も「厚生年金保険料預り金」「健康保険料預り金」「雇用保険料預り金」と、細かく分けて仕訳できます。税金同様、社会保険も納めるところが違うため、別に計上することで管理がしやすくなるメリットがあります。

・3つの社会保険の勘定科目・

厚生年金保険料預り金	従業員の給与から控除した、厚生年金保険を計上する負債グループの勘定。
健康保険料預り金	従業員の給与から控除した、健康保険を計上する負債グループの勘定。
雇用保険料預り金	従業員の給与から控除した、雇用保険を計上する負債グループの勘定。

社会保険料を支払うときの仕訳

この後、会社は従業員から預かった社会保険料を、それぞれ管轄の機関などに納めることになります。その際の預り金の仕訳については、税金の場合（➡ P144）と同じです。

ちなみに… 厚生年金は、近年、保険料率の上昇が続いたので、給料から差し引かれる項目の中でも、金額的な負担が大きくなっています。

ただし、年金や保険料は、従業員から預かった分だけを納めるのではなく、税金と違って会社が負担する分もあります。厚生年金保険や健康保険は、通常、従業員と会社が半分ずつ出すので、従業員から預かった金額と同額を会社も出して、それを納めることになります。

·社会保険料の負担·

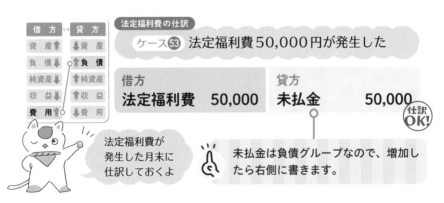

会社が雇用している従業員の社会保険を半分支払うことを「労使折半（ろうしせっぱん）」といいます。

　厚生年金保険や健康保険の会社が負担する分の仕訳を見ていきましょう。この2つの社会保険料の会社負担分は、法定福利費勘定を用います。社会保険料は該当する月の翌月以降に支払うので、まずは会社負担分の法定福利費は未払金として計上しておきます。法定福利費は費用グループになるため、増加した場合はケース53のように左側に記入します。

借方	↔	貸方
資産⬆		⬇資産
負債⬇	○	⬆負債
純資産⬇		⬆純資産
収益⬇		⬆収益
費用○		⬇費用

法定福利費の仕訳

ケース53 法定福利費50,000円が発生した

借方		貸方	
法定福利費	50,000	未払金	50,000

仕訳OK！

法定福利費が
発生した月末に
仕訳しておくよ

未払金は負債グループなので、増加したら右側に書きます。

　なお、実務上、厚生年金保険や健康保険は、該当の月の翌月に従業員から徴収し、月末に納付するのが原則です。

　会社が管轄する機関に社会保険料をまとめて支払ったときの仕訳は、次の**ケース54**のようになります。**負債グループ**である**未払金**の減少になるので、左側に書きます。

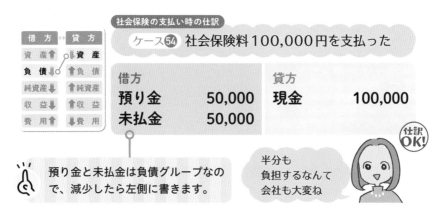

社会保険の支払い時の仕訳

ケース54 社会保険料100,000円を支払った

借方		貸方	
預り金	50,000	現金	100,000
未払金	50,000		

預り金と未払金は負債グループなので、減少したら左側に書きます。

半分も負担するなんて会社も大変ね

仕訳OK!

さらに詳しく
社会保険の詳細

　実務をするうえで、最低限知っておきたい社会保険の内容についてふれておきます。

厚生年金保険	退職後に年金をもらうには、保険料を25年以上納める必要があったが、近年10年以上と変更されたので、老齢年金をもらいやすくなっている。
健康保険	病院の医療費への適用に加えて、高額療養費や出産育児一時金、出産手当金、傷病手当金、埋葬料などといった一時金や手当金もある。
雇用保険	雇用保険は、失業した際に失業手当をもらえることに加えて、就職促進給付、教育訓練給付、雇用継続給付といった給付がある。

ちなみに…　満40歳に達したら、介護保険料も徴収されることになります。介護保険料も従業員と会社の折半となっています。

月次決算❶
売上原価の計算

売上原価は少し難しいですが、簿記では重要な内容です。

月次決算で利益を計算する

　貸借対照表や損益計算書の作成は、税金の申告のために税務署に提出するだけであれば1年に1回で済みます。

　しかし、実際は経営に役立てるために**毎月、貸借対照表や損益計算書を作って利益をしっかり計算する**ことが多いものです。毎月、貸借対照表や損益計算書を作成することを**月次決算**といいます。

・決算の2つの種類・

決算の種類		使う人
年次決算	年末に1年間の決算書を作成。	税務署、会社役員取引先、株主
月次決算	翌月に前月の決算書を作成。	会社役員（経営のための資料）

　月次決算は、日々の取引を仕訳するだけでは足りないため、月末に特別な仕訳を行う必要があります。

　このような月末に行う特別な仕訳はいくつかあるので、ここではそれらを紹介していきます。

売上原価の計算の方法

　まずは、商品の販売を行っている会社であれば、売上原価の計算が必要になってきます。売上原価とは、販売した商品の原価のこと。つまり、今売った商品はいくらで買ってきたものなのか、ということです。

・売上原価の考え方・

売上
原価

利益

売上

1台の車の販売価格は
原価と利益から
なっているよ

　どうして売上原価を計算する必要があるかというと、利益を計算するためです。例えば、50,000円で買ってきた商品を60,000円で販売したとすると、売上が60,000円となり、売上原価が50,000円となります。その結果、利益は10,000円と計算するのです。

$$\underset{60,000円}{売上} - \underset{50,000円}{売上原価} = \underset{10,000円}{利益}$$

　では、1か月分の売上原価はどうなるのでしょうか。それは、次の式であらわすことができます。

$$売上原価 = 月初商品 + 当月仕入 - 月末商品$$

　金額ではなく、商品の数量で考えるとイメージしやすいかもしれません。例えば、月初に商品が10個あり、当月の1か月で商品を50個買っ

ちなみに…　売上から売上原価を差し引いた利益のことを売上総利益といいます。商品売買益、粗利という言葉もありますが、すべて売上総利益と同じ意味です。

てきたとします。月末に残っている商品を調べてみたら 20 個ありました。なくなった商品は何個かというと、次のようになります。

$$10 \text{個} + 50 \text{個} - 20 \text{個} = 40 \text{個}$$

これを金額に置き換えると、次のように計算できるのです。

| 月初商品 10万円 | ＋ | 当月仕入 50万円 | － | 月末商品 20万円 | ＝ | 売上原価 40万円 |

簿記上はこの計算を仕入勘定の表で行います。勘定はＴの字型をした表です（➡ P38）。仕入の仕訳をまとめた、この勘定で売上原価を考えていきます。

上の金額の例でいえば、月末の仕入勘定にはその月に仕入れた 500,000 円がすでに左側に載っているはずです（下の勘定の表❶）。さらに、前月の月次決算書などより月初商品 100,000 円をもってきて（❷）、補助簿（➡ P124）から判明する月末商品 200,000 円をもってくることによって（❸）、仕入勘定の表の残高が 400,000 円となり、これが売上原価をあらわします。

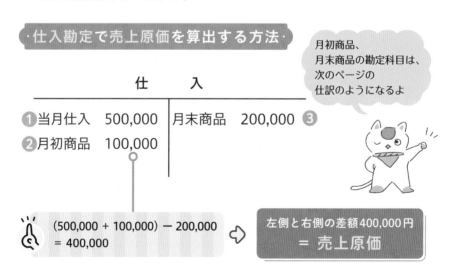

・仕入勘定で売上原価を算出する方法・

月初商品、月末商品の勘定科目は、次のページの仕訳のようになるよ

仕　入

| ❶当月仕入 | 500,000 | 月末商品 | 200,000 ❸ |
| ❷月初商品 | 100,000 | | |

(500,000 + 100,000) − 200,000 = 400,000

⇨ 左側と右側の差額400,000円 = 売上原価

月初商品と月末商品の仕訳はどうなるのでしょうか。

月初商品は、月初における商品なので、もともと資産グループである繰越商品勘定の表に記入されています。これを売上原価を計算するために、仕入勘定の表にもっていきます。そして、仕訳は次のケース55のように行います。

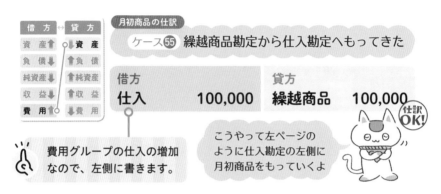

月末商品は、商品有高帳などによって明らかになった金額を、売上原価を計算するために左ページのように仕入勘定の表に書きます。そして、月末時点でその分だけ資産である商品があるので、資産グループの繰越商品勘定の表にうつします。そこで、次のケース56ように仕訳します。

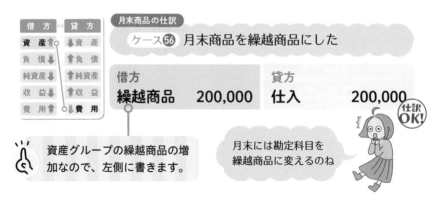

なお、月初商品は「月初商品棚卸高」、月末商品は「月末商品棚卸高」と呼ばれることもあり、パソコンの会計ソフトなどではこちらの名称が使われていることもあります。

月次決算❷
減価償却費の計上

減価償却費を算出するには、2つのルールがあります。

減価償却費を算出する2つの方法

　減価償却費の計上も、月次決算で必要な処理となります。

　減価償却費は、会社で使う固定資産（建物、備品、車両など）を購入してきたときに全額を費用とするのではなく、使用する期間に分けて費用計上し、その結果、毎年や毎月の正しい利益の計算をしていこう…というものでした（➡ P72）。

　仕訳をするためには、減価償却費を計算する必要があります。減価償却費の計算方法には、期間で均等に分ける方法や、一定の率を掛けて計算する方法などがあります。前者の方法を定額法といい、後者の方法を定率法といいます。

　そして、どちらかの方法で計算された金額を、減価償却費として計上していきます。

・減価償却費の2つの計算法・

計算は
定額法のほうが
かんたんだよ

| 定額法 | 期間で均等に分けた額とする方法で、毎年同額を計上。計算がかんたんであるというメリットがある。 |

| 定率法 | 一定の率を帳簿価額に掛けて計算。年数が経過するにつれて、減価償却費として計上する償却費の額が減少していく。 |

第4章 毎月の実務で使う簿記

例えば、今月の備品の減価償却費が 50,000 円と計算されたとします。減価償却費を計上することによって、備品の価値は 50,000 円だけ下がったことになります。

これを仕訳すると、次の**ケース 57** のようになります。減価償却費は**費用グループ**なので、増加すれば**左側**に記入します。また、**備品は資産グループ**なので、減少したら**右側**に記入します。

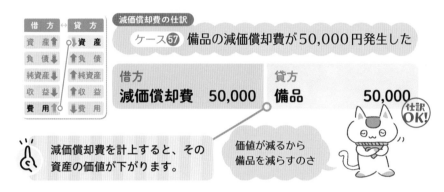

借方	貸方
資産↑	資産
負債↓	負債↑
純資産↓	純資産↑
収益↓	収益↑
費用↑	費用↓

減価償却費の仕訳

ケース57 備品の減価償却費が 50,000 円発生した

借方	貸方
減価償却費 50,000	備品 50,000

仕訳OK!

減価償却費を計上すると、その資産の価値が下がります。

価値が減るから備品を減らすのさ

減価償却累計額で価値の減少を明らかに

また、減価償却費の仕訳方法には、もう 1 つ方法があります。上の仕訳では、右側に備品を計上しましたが、備品の代わりに**減価償却累計額**という勘定科目で仕訳するというやり方です。減価償却累計額は、備品の価値が減った分を意味しています。

備品の資産の価値をダイレクトに減らしてしまうと、直近の決算書などを見ても、備品の買った金額が明示されません。その結果、いくらで買ってきた備品なのかがわからなくなってしまうという欠点があります。なので、価値の減少分は、減価償却累計額に計上しておこうというものです。

そして、最終的に決算書を作成する段階で、備品から減価償却累計額を差し引くことによって、現時点の備品の価値を表現することになっています。

ちなみに… 減価償却費の計算方法には、定額法や定率法のほかにも方法がありますが、実務上は通常、この 2 つの方法のどちらかが採用されています。

減価償却累計額での仕訳

　減価償却累計額を用いた場合の方法で仕訳すると、次のケース 58 の
ようになります。減価償却累計額は評価勘定と呼ばれるもので、資産グ
ループ、費用グループなどには属さないものです。減価償却累計額が増
加したら、右側に記入すると考えておきましょう。

　評価勘定とは何かの勘定のマイナスを意味するものであり、減価償却
累計額のほかに貸倒引当金（ ➡ P188）があります。

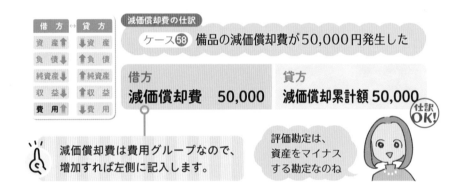

借　方 ↔ 貸　方
資　産⬆　⬇資　産
負　債⬇　⬆負　債
純資産⬇　⬆純資産
収　益⬇　⬆収　益
費　用⬆　⬇費　用

減価償却費の仕訳

ケース58　備品の減価償却費が 50,000 円発生した

借方
減価償却費　50,000

貸方
減価償却累計額 50,000

仕訳
OK!

減価償却費は費用グループなので、
増加すれば左側に記入します。

評価勘定は、
資産をマイナス
する勘定なのね

　なお、前のページの仕訳方法が直接法で、上の方法が間接法です。

　減価償却累計額勘定を使った間接法では、次のページのように、貸借
対照表上に資産である備品のもともとの金額が記されることになりま
す。なので、いくらで備品を買ってきたかが後からでもすぐにわかるメ
リットがあります。

　一方、直接法では、備品の金額が年月を重ねるにつれて減っていって
しまいます。ただ、直接法はシンプルなので、処理が少しかんたんであ
るというメリットがあります。

　どちらを選ぶのかは会社によって自由ですが、間接法のほうが貸借対
照表を利用する人たちに対して、より有用な情報（細かな情報）を提供
してくれるので、間接法が原則的な方法とされています。なお、直接法
と間接法のどちらの方法で仕訳するかによって、後述する建物や備品の
売却の仕訳の内容（ ➡ P170）も異なります。

・貸借対照表上での違い・

資産の価値はどっちも同じ
だけど、間接法だと、
もともとの金額がわかるね

例　備品 300,000円、
減価償却費（減価償却累計額）50,000円の場合

直接法

貸借対照表
資産の部	
【固定資産】	
有形固定資産	
備品	250,000

間接法

貸借対照表
資産の部	
【固定資産】	
有形固定資産	
備品	300,000
減価償却累計額	△50,000
	250,000

表は貸借対照表の
一部を
抜粋したものだよ

備品の金額は購入時と変わらない
ことがわかります。

さらに詳しく
固定資産の耐用年数

　耐用年数とは、固定資産をふつうに使って、その資産の役割が持続できる期間が基準になります。

　ですので、減価償却を行う固定資産には、固定資産の種類ごとに耐用年数が定められています。耐用年数が4年であれば、4年の間で減価償却していくことになります（➡ P168）。

　なお、中古の固定資産は新品の固定資産に比べて、耐用年数を短くして計算することができる場合があります。そのため、同じ資産でも新品と中古では、中古資産のほうが早い年数で多額の経費を計上することができるメリットもあります。

節税のために経費を
たくさん計上したければ、
中古のほうがメリットが
あるってことね

⑨ 月次決算　難易度 ★★☆　決算

月次決算❸
賞与引当金の設定

賞与の仕訳は給料と違った方法になり、少し複雑になります。

月々の費用負担を均一にする

　賞与（ボーナス）は、年に2回くらい支給されることが一般的です。6月と12月に支給している場合、支給した6月や12月だけの費用にしてしまうと、毎月の正しい利益の計算ができなくなってしまいます。そのため、**各月に分けて費用を計上**する必要があります。

　例えば7月から12月までの**賞与**を、12月に支給しているものとします。12月の**賞与**の金額が300,000円だとすると、これを6か月間に分けて、300,000円÷6か月＝50,000円ずつを毎月費用として計上するわけです。

・賞与を計上するときの考え方・

12月支給の賞与 300,000円	
7月	50,000円
8月	50,000円
9月	50,000円
10月	50,000円
11月	50,000円
12月	50,000円

支給した12月だけ計上すると、そのほかの月の決算には反映されなくなってしまうものね

　このとき、仕訳で用いる費用の勘定科目が、**賞与引当金繰入**です。そして、7月から11月までの負担分を積み上げていくために、**賞与引当金**という勘定科目を用います。7月分の仕訳をすると、次のケース59

のようになります。**賞与引当金繰入**は**費用**グループなので、発生すれば左側に計上します。**賞与引当金**は**負債**グループなので、発生したら**右側**に記入します。

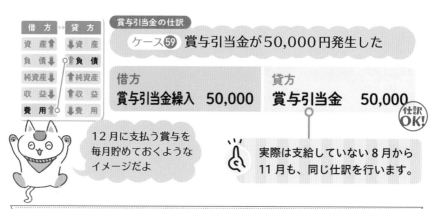

賞与引当金の仕訳

ケース59 賞与引当金が50,000円発生した

借方		貸方	
賞与引当金繰入	50,000	賞与引当金	50,000

仕訳OK!

12月に支払う賞与を毎月貯めておくようなイメージだよ

実際は支給していない8月から11月も、同じ仕訳を行います。

賞与の支払い月の仕訳

12月の支給時には、7月から11月までの5か月分（50,000円×5か月＝250,000円）が**賞与引当金**に計上されているので、これを取り崩します。

12月分は**賞与**という**費用**グループの勘定科目を用います。**賞与**の支給が現金で行われたとすると、仕訳は次のケース60のようになります。

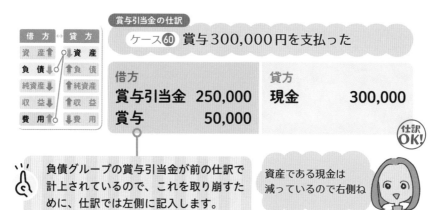

賞与引当金の仕訳

ケース60 賞与300,000円を支払った

借方		貸方	
賞与引当金	250,000	現金	300,000
賞与	50,000		

仕訳OK!

負債グループの賞与引当金が前の仕訳で計上されているので、これを取り崩すために、仕訳では左側に記入します。

資産である現金は減っているので右側ね

ちなみに… 引当金は、何かの事象に備えて事前に用意しておくもの、というイメージです。賞与引当金のほかに、貸倒引当金や退職給付引当金などがあります（➡ P188）。

月次決算④

発生分の費用や収益の計上

利益を正しく計算するために、必要な処理になります。

お金は払っていなくても計上

　月次決算の一番の目的は、毎月の利益（儲け）を計算することにあります。そのためには、まだもらっていない受取利息や、まだ払っていない支払家賃など、お金のやり取り自体はなかったけれど発生した費用や収益についても、計上する必要があります。

　例えば、4月の月次決算を行っているとします。そして、この会社では家賃の支払いを3か月ごとの後払いで行っていて、1月から3月分の家賃を3月末に支払い、4月から6月分の家賃を6月末に支払っているとします。

　この場合、何もしなければ4月分の家賃は4月には計上されず、実際に家賃を支払う6月に計上されてしまうことになります。これでは、4月の利益を正しく計算できなくなってしまうので、例えお金は支払っていなくても、その分の家賃を費用として計上する必要があるのです。

·未払いの家賃のイメージ·

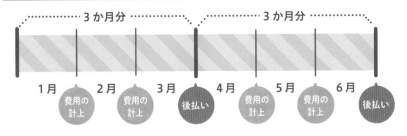

まとめて家賃を支払う場合、実際には支払っていなくても、
後払いの家賃の3分の1の額を月次決算にて計上。

家賃後払いのときの仕訳

家賃の支払いは、費用グループの支払家賃勘定になります。そして、実際にはまだ家賃は支払っていないので、右側には未払家賃勘定を書いておきます。未払家賃勘定は、約束の日が来たら（上記の例だと6月末）お金を支払わなければならないので、負債グループです。1か月分の家賃を80,000円とすると、次のケース61のような仕訳になります。

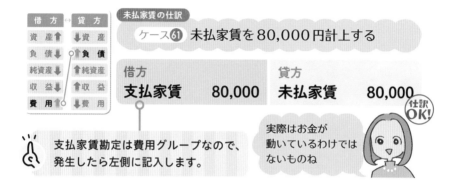

借方	貸方
資産⬆	⬇資産
負債⬇	⬆負債
純資産⬇	⬆純資産
収益⬇	⬆収益
費用⬆	⬇費用

未払家賃の仕訳

ケース61 未払家賃を80,000円計上する

借方	貸方
支払家賃　80,000	未払家賃　80,000

支払家賃勘定は費用グループなので、発生したら左側に記入します。

実際はお金が動いているわけではないものね

仕訳OK!

このような費用や収益の計上の処理が必要なものとしては、ほかにも次のようなものがあります。

・ 未収・未払・前受・前払の種類 ・

取引	内容	用語
まだ支払いを受けていないサービスなどの対価	未収の受取利息や未収の家賃など。	収益の未収
すでにサービスなどの提供を受けているが未払いの費用	未払家賃、未払手数料、未払利息など。	費用の未払
まだ提供していないサービスなどに対し支払いを受けた対価	前受利息、前受家賃など。	収益の前受
まだサービスなどの提供を受けていないが支払った費用	前払利息、前払保険料、前払家賃など。	費用の前払

ちなみに… 「収益の未収」や「費用の未払」を見越（みこし）、「収益の前受」や「費用の前払」を繰延（くりのべ）と呼ぶこともあります。

銀行からの 借入と返済の仕訳

会社でお金を借りた場合と、返済したときの仕訳を見ていきます。

お金を借りたときの仕訳

会社の業績は、いつでも同じということはありません。人生と同じように、業績が好調なときもあれば、よくないときもあるものです。

資金繰りが厳しくて、家賃や給料といった支払いができなくなりそうであれば、銀行にお願いして借金をする必要があります。

業績が好調であっても、工場を建てたり、機械や機器を購入するため、銀行から資金を借入することはあります。

例えば、10,000,000 円のお金が必要になったので、銀行に行って借入のお願いをしたところ、お金を貸してもらえることになったとしましょう。お金は現金で受け取ったという場合、次のケース 62 のように仕訳をしていきます。

借金は、借入金という負債グループの勘定科目になります。なので、仕訳の右側に書きます。

| 借方 ↔ 貸方 |
| 資産 ⬆ ⬇資産 |
| 負債 ⬇ ⚪⬆負債 |
| ⬆純資産 |
| ⬇収益 |
| ⬇費用 |

借入金の仕訳

ケース62 銀行から 10,000,000 円借り入れた

借方	貸方
現金　　10,000,000	借入金　10,000,000

仕訳 OK!

借入金はまさしく 負債そのものね

借入金が発生したら、負債グループ の増加になるので右側に書きます。

お金を返済したときの仕訳

　お金を返済するときは、**負債グループ**の**借入金**を減少させます。ですが、返済をすると借りた分を返すだけでなく、借りた期間に応じて利息を支払う必要があります。

　利息を支払った際は、**支払利息**という費用が発生します。借入金のうち1,000,000円を返済することになって、その際に10,000円の利息を支払うことになったとします。

　いずれも現金で支払った場合の仕訳は、次の**ケース63**のようになります。**借入金**は負債グループになり、**支払利息**は費用グループになります。

借入金と利息の仕訳

ケース63 銀行に1,000,000円を返して、利息10,000円も支払った

借方		貸方	
借入金	1,000,000	現金	1,010,000
支払利息	10,000		

支払利息は費用グループなので、発生したら左側に記入します。

借入金が減少したら、左側に記入するよ

仕訳OK!

さらに詳しく

借入金の種類

　借入金には、一時的に資金繰りが厳しくなり、資金繰りがよくなったらお金を返すような場合の短期借入金と、会社の規模を大きくするために設備投資をするなど、長い期間で返済していく場合の長期借入金があります。短期と長期の区分は1年とされており、勘定科目として使い分けるのが一般的です。

ちなみに…　利息は、借入金額に年利率を掛け、さらに1年のうちの借入日数(例えば借入日数が100日なら100日/365日)を掛けることによって計算します。

手形の振出しと受取り

取引において、日常的に手形を使う業界もあります。

手形を振り出したときの仕訳

　会社が商品の売買を行ったときは、すぐに現金でやり取りするのではなく、1か月分をまとめて売掛金や買掛金として計上し、1か月後にお金を受けたり、払ったりするという話をしました（➡ P132）。

　そのような取引の場合、売掛金や買掛金というのは信用上のものであって実態がないので、より確実にするために手形という形をとることがあります。手形には次のような種類があります。

・手形の種類・

| 約束手形 | 手形を振り出した側が手形を受け取った側に対して、記載された期日に支払いを行うことを約束した証書。掛け取引によって購入したときに用いる手形は、ほぼ約束手形。 |
| 為替手形 | 手形の振出人と受取人のほかに、支払いを引き受けた第三者が存在（支払人）。通常の実務においてはほとんど使われていない。 |

会社では商品などの
代金を手形で支払う
こともあるのね

手形イコール
約束手形と
いってもいいよ

164

　商品を購入した側は、手形を作成し、販売してくれた会社に渡します。なお、手形を作成し、相手に渡すことを「手形を振り出す」といいます。

　手形には支払いを行う期日が記載されているので、その約束の日が来たら、手形を振り出した側は手形を持っている人にお金を支払うことになります。

　お金や手形の流れを見ると、次のようになります。

流れは買掛金と
同じようなものだよ

手形取引での流れ

振出時

A社 → 取引先

手形の
振り出し

商品の受け渡し

A社が取引先から商品を仕入れて
代金を手形で支払った。

支払時

A社 → 取引先

お金の支払い

期日がきたので、A社は銀行を通じて
取引先にお金を支払った。

　例えば、商品を 500,000 円で買って、代金は手形を振り出したとすると、商品を買った側の仕訳は次のケース 64 のようになります。

　手形を振り出した側は、支払手形勘定で処理します。将来、約束の日が来たらお金を支払わなければならないので、負債グループです。

借方	↔	貸方
資産⬆		⬇資産
負債⬇	○	負債
純資産⬇		⬆純資産
収益⬇		⬆収益
費用⬆○		⬇費用

支払手形の仕訳

ケース64 商品を 500,000 円で買って
手形を振り出した

借方		貸方	
仕入	500,000	支払手形	500,000

仕訳OK!

お金を支払わなければ
ならないので負債ね

負債グループである支払手形が増加
したら右側に記します。

 ちなみに…　建設業などは、手形の利用が多いといわれています。為替手形はほとんど使われていませんが、まれに使っている会社もあるようです。

手形を受け取ったときの仕訳

　逆に、商品を売って手形を受け取ったほうの仕訳は、次のケース65のようになります。

　手形を受け取った側は、受取手形勘定で処理します。将来約束の日が来たらお金をもらうことができるので、受取手形は資産グループです。

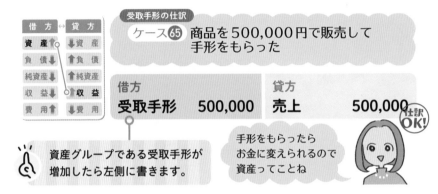

受取手形の仕訳
ケース65 商品を500,000円で販売して手形をもらった

借方		貸方	
受取手形	500,000	売上	500,000

資産グループである受取手形が増加したら左側に書きます。

手形をもらったらお金に変えられるので資産ってことね

仕訳OK!

　なお、手形の利用は近年減少しているといわれています。理由は、手形をなくしてしまう危険性があったり、手形の振り出しには収入印紙代がかかってしまうからです。

　そこで、紙の手形の代わりに、電子記録で行うやり方が登場しています。その場合は、電子記録債権という勘定科目を用いて仕訳します。

　商品を販売して、資産グループである電子記録債権を得た側の仕訳は、次のようになります。

電子記録債権の仕訳
ケース66 商品を500,000円で販売して電子記録債権を得た

借方		貸方	
電子記録債権	500,000	売上	500,000

資産グループである電子記録債権が増加したら左側に記します。

自分が支払う場合は、仕訳では電子記録債務を使うよ

仕訳OK!

手形の裏書、割引

手形を受け取った場合は、通常、約束の日がくるまで持っていて、入金されるのを待つことになりますが、資金繰りが厳しくて約束の日まで待てないということもあります。そのような場合には、**手形の裏書や割引**ということを行います。

·手形の裏書と手形の割引·

手形の裏書	仕入先から商品を仕入れた際に、持っていた手形で代金を支払うこと。こうすることによって、手元にお金がなくても商品を仕入れることができる。
手形の割引	持っている手形を銀行に買ってもらうこと。手形を銀行に買ってもらうことによって、約束の日よりも早めにお金を手にすることができる。ただし、この場合は手形の額面金額で買ってもらうことはできない。例えば、100,000 円と書かれている手形を銀行に買ってもらうと、99,000 円だけしかもらえないなど、額面金額より低い金額での買い取りになる。

さらに詳しく

手形をお金に替えることができなかったとき（手形の不渡り）

手形を受け取ったら、約束の日にお金をもらうことができますが、手形を振り出した会社が資金に行き詰ってしまって倒産したような場合には、お金をもらうことができなくなってしまいます。このようなケースを「手形の不渡り」といいます。

手形の不渡りが生じた場合は、法的な手続きにしたがって、お金を返してもらえるよう請求を行います。ですが、全額を取り戻すことは困難な場合が多いです。その場合、経理上は最終的に貸倒れとして処理します。

ちなみに… 手形の支払人が、手形代金の期日を延期して欲しいといってくることがあります。これを手形の更改といいます。

固定資産を購入、売却したとき

売却のときの減価償却には、2つの仕訳方法があります。

固定資産の仕訳と減価償却

　固定資産は、販売することを目的として購入するわけではなく、あくまでも自社で使用する目的で購入するものです。具体的には、建物、備品、車両などが該当します。

　固定資産を購入したら、ふつうであれば数年は使うので、固定資産の購入や売却の処理は、そこまで頻繁に行うわけではありません。ですから、定期的に発生する簿記の実務ではないと考えておいてよいでしょう。

固定資産の耐用年数（税法上）

建　物	鉄筋コンクリート	50年
	モルタル造り（セメントか材料）	22年
自動車	小型車	4年
	普通車	6年
備品	事務机、いす	15年
	パソコン	4年

固定資産は数年使うから、種類によってどのくらい使うことができるかが定められているよ

　固定資産の仕訳では、その名のとおり、資産グループとして処理することになります。例えば、複数台のパソコンを 1,000,000 円で購入し、代金は現金で支払ったという取引を仕訳すると、次のケース 67 のようになります。

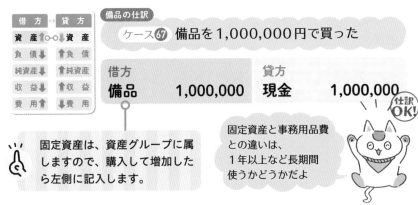

借方　↔　貸方
資　産 ○━━○ 資　産
負　債 ⬇　　⬆ 負　債
純資産 ⬇　　⬆ 純資産
収　益 ⬇　　⬆ 収　益
費　用 ⬆　　⬇ 費　用

備品の仕訳

ケース67 備品を 1,000,000 円で買った

借方		貸方	
備品	1,000,000	現金	1,000,000

仕訳OK!

固定資産は、資産グループに属しますので、購入して増加したら左側に記入します。

固定資産と事務用品費との違いは、1年以上など長期間使うかどうかだよ

　減価償却費のところで説明しましたが、大事な話なので、固定資産の考え方や直接法・間接法についてあらためて確認しておきます。固定資産は、使用することで価値が減少します。例えば、備品のパソコンであれば、左ページの表にあるように4年間で価値を減少させていく計算になります。最初 1,000,000 円の価値のパソコンであれば、年に 250,000 円ずつ価値が減っていくことになります。

　そのため、その減少分を減価償却費として費用計上するとともに、固定資産そのものを減少させたり（直接法）、固定資産のマイナスを意味する減価償却累計額という勘定科目を用いて仕訳します（間接法）。

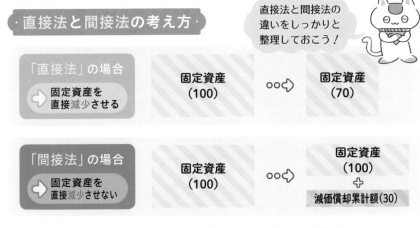

・直接法と間接法の考え方・

直接法と間接法の違いをしっかりと整理しておこう！

「直接法」の場合
➡ 固定資産を直接減少させる

固定資産（100）　○○⇨　固定資産（70）

「間接法」の場合
➡ 固定資産を直接減少させない

固定資産（100）　○○⇨　固定資産（100）➕減価償却累計額(30)

直接法が固定資産の価値を直接減らすのに対して、間接法は
固定資産の価値が買ったときと変わらないという特徴があります。

直接法で処理した備品を売ったときの仕訳

直接法で処理した備品を売ったときの仕訳を見ていきしょう。例えば、ケース 67 の備品を 1,000,000 円で購入した場合の例で 250,000 円分の減価償却費を計上したのであれば、備品も 250,000 円減少していることになります。仕訳は、次のケース 68 のようになります。

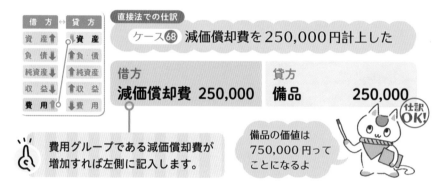

借方
減価償却費 250,000

貸方
備品 250,000

費用グループである減価償却費が増加すれば左側に記入します。

備品の価値は 750,000 円ってことになるよ

この時点で、備品勘定の残高は 750,000 円であり、この備品を 800,000 円で売却して現金を受け取ったとすると、50,000 円（800,000 円 − 750,000 円）の固定資産売却益が生じます。

この仕訳を行うと、次のケース 69 のようになります。固定資産売却益は収益グループの勘定科目です。

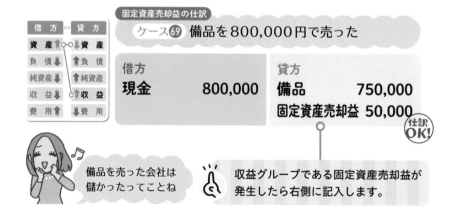

借方
現金 800,000

貸方
備品 750,000
固定資産売却益 50,000

備品を売った会社は儲かったってことね

収益グループである固定資産売却益が発生したら右側に記入します。

間接法で処理した備品を売ったときの仕訳

それに対して、固定資産を直接減少させないやり方（間接法）であれば、減価償却費を計上した分は備品勘定ではなく、減価償却累計額勘定として計上していきます。

つまり、備品自体は当初の 1,000,000 円のままで、減価償却累計額として本来、固定資産が減少した分の 250,000 円が計上されていることになります。

間接法での仕訳
ケース⑰ 減価償却費を 250,000 円計上した

借方	貸方
減価償却費 250,000	減価償却累計額 250,000

仕訳OK!

備品を減らすか、減価償却累計額を増やすかなのね

減価償却累計額は、増加したら右側に記入します。備品の仕訳を行う必要はありません。

先ほどの直接法で処理した場合と同じように、備品を売却したときの仕訳を見てみましょう。

固定資産売却益の仕訳
ケース⑰ 備品を 800,000 円で売った

借方	貸方
減価償却累計額 250,000	備品 1,000,000
現金 800,000	固定資産売却益 50,000

仕訳OK!

減価償却費を計上した段階で減価償却累計額を右側に記入しているので、その分を左側に書きます。

どっちの方法であっても固定資産売却益は変わらないよ

ちなみに…

固定資産売却益は、損益計算書の特別利益に計上されます。固定資産売却損の場合は、損益計算書の特別損失に計上されます。

稼いでいる会社、
成長している会社

　簿記の勉強をすると、貸借対照表や損益計算書を作成したり、読んだりすることができるようになるのも大きなメリットです。株式を上場している大企業の決算書は、ホームページなどからかんたんに入手することもできるので、どの会社がどれくらい儲かっているのか！　などということを知ることもできます。

　日本企業で一番利益を稼ぎ出している会社は、トヨタ自動車です。当期純利益が1兆8,000億円ほどです（2019年）。トヨタ自動車に続く会社は、ソフトバンク、NTT、三菱UFJ銀行、三井住友銀行などです。

◆大手ITなどの企業に勝てない日本企業

　しかし、世界に目を向けると、トヨタ自動車ですらベストテンに入っていません。バブル経済の頃などは、世界ランキングでも多くの日本企業がランクインしていたものですが、現在ではアメリカの大手IT企業のGAFAと呼ばれるGoogle、Apple、Facebook、Amazonや、中国のIT企業であるアリババ、テンセント、ファーウェイなどといった会社が利益以外の指標も含めて、大きく成長し注目を集めています。日本のIT企業は残念ながら、世界と大きく水をあけられている状況です。

　簿記を学ぶことによって、こういった企業の決算情報を理解することができるようになり、国内外の経済ニュースにも関心をもてるようになるものです。また、国としてのアメリカと中国の覇権争いもそうですが、企業同士の競争にも目を向けられるようになります。

　簿記の勉強を入り口に、さまざまな分野の勉強にもつながっていくと、新しい世界が開けてくるはずです。

第 5 章

毎年の実務で
使う簿記

会社の成績は、おもに1年間で判断されます。したがって、1年
間でどれだけ利益をあげられたか、財政状況が悪くないかがわか
る年次決算書は、会社にとって不可欠なもの。年次の決算を行う
うえで必要な仕訳などについて、見ていきましょう。

３つのおもな年次決算書

簿記の目的は、何と言ってもこれらの決算書を作ることにあります。

貸借対照表と損益計算書の共通点

　決算書のうちメインとなるのは、会社の財政状況をあらわす貸借対照表と、会社の儲けをあらわす損益計算書です。ここまで見てきたような、日々の仕訳や月ごとの仕訳を行っていれば、会計ソフトでおもな決算書は一気に作成することもできます。作成の大きな考え方も本章で紹介しますが、まずは、決算書の見方のポイントを押さえましょう。

儲けた利益が貸借対照表にプールされる（たまる）ってこと！

・貸借対照表と損益計算書の関係・

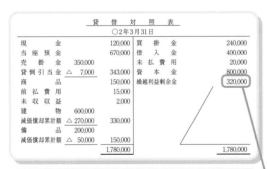

貸　借　対　照　表
〇2年3月31日

現　　　金	120,000	買　掛　金	240,000
当 座 預 金	670,000	借　入　金	400,000
売　掛　金 350,000		未 払 費 用	20,000
貸倒引当金 △ 7,000	343,000	資　本　金	800,000
商　　　品	150,000	繰越利益剰余金	320,000
前 払 費 用	15,000		
未 収 収 益	2,000		
建　　　物 600,000			
減価償却累計額 △ 270,000	330,000		
備　　　品 200,000			
減価償却累計額 △ 50,000	150,000		
	1,780,000		1,780,000

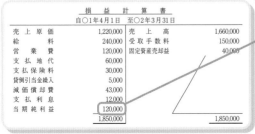

損　益　計　算　書
自〇1年4月1日　至〇2年3月31日

売 上 原 価	1,220,000	売　上　高	1,660,000
給　　　料	240,000	受取手数料	150,000
営　業　費	120,000	固定資産売却益	40,000
支 払 地 代	60,000		
支払保険料	30,000		
貸倒引当金繰入	5,000		
減 価 償 却 費	43,000		
支 払 利 息	12,000		
当 期 純 利 益	120,000		
	1,850,000		1,850,000

損益計算書で、収益から費用を引いていって最終的な利益である当期純利益を求め、当期純利益は貸借対照表の繰越利益剰余金に追加されていきます。つまり、損益計算書の当期純利益が増えれば、貸借対照表の純資産グループも増えていくという関係になります。

株主資本等変動計算書のフォーム

　決算書の種類として、貸借対照表と損益計算書以外にも、**株主資本等変動計算書**や**キャッシュ・フロー計算書**といったものもあります。

　キャッシュ・フロー計算書は、大きな会社しか作成しなければならない義務はありませんが、**株主資本等変動計算書**は中小の株式会社も作成する義務があります。

　ここでは**株主資本等変動計算書**について説明します。この決算書は、貸借対照表の純資産の部について、期首から期末にかけて、どのような理由で増減したかをあらわした計算書です。

株主資本等変動計算書のサンプル

期首残高、増減理由、期末残高を書きます。

貸借対照表の純資産の並び順を左から右に書きます。

株主資本等変動計算書
自〇1年4月1日　至〇2年3月31日　（単位：円）

楓株式会社

	株　主　資　本						評価・換算差額等	純資産の部合計
		資本剰余金		利益剰余金				
					その他利益剰余金		その他有価証券評価差額金	
	資本金	資本準備金	その他資本剰余金	利益準備金	別途積立金	繰越利益剰余金		
当期首残高	4,500,000	200,000	100,000	50,000	240,000	560,000	40,000	5,690,000
当期変動額								
新株の発行	500,000	500,000						1,000,000
剰余金の配当				20,000	80,000	△300,000		△200,000
当期純利益						700,000		700,000
株主資本以外の項目の当期変動額							10,000	10,000
当期変動額合計	500,000	500,000	0	20,000	80,000	400,000	10,000	1,510,000
当期末残高	5,000,000	700,000	100,000	70,000	320,000	960,000	50,000	7,200,000

純資産のうち株主資本以外は、増減理由は不要で増減額だけ書きます。

179ページで見ていくけど、貸借対照表の純資産と密接な関係にあるよ

ちなみに…　損益計算書で計算された当期純利益が、もともと残っていた繰越利益剰余金に加算されて、その合計が貸借対照表に計上されることになります。

3つの決算書のつながり

　貸借対照表と損益計算書に株主資本等変動計算書を加えると、3つの表は次のように繋がっています。

·貸借対照表、損益計算書、株主資本等変動計算書の関係·

損益計算書

売上高から売上原価を引いて売上総利益を求めます。その後、営業利益、経常利益、税引前当期純利益、当期純利益を求めていきます。

決算書がどのように繋がっているかがわかると、決算書の全体像を理解できるよ

当期純利益は、貸借対照表の繰越利益剰余金にもっていきます。

損　益　計　算　書

○○株式会社	自○1年4月1日　至○2年3月31日		（単位：円）
Ⅰ　売　　上　　高			10,000,000
Ⅱ　売　上　原　価			
1　期首商品棚卸高		500,000	
2　当期商品仕入高		7,500,000	
合　　　　　計		8,000,000	
3　期末商品棚卸高		400,000	7,600,000
売　上　総　利　益			2,400,000
Ⅲ　販売費及び一般管理費			
1　給　　　　　　料		840,000	
2　水　道　光　熱　費		80,000	
3　保　　険　　料		120,000	
4　貸倒引当金繰入		10,000	
5　減　価　償　却　費		250,000	
6　の　れ　ん　償　却		30,000	
7　退職給付費用		70,000	1,400,000
営　　業　　利　　益			1,000,000
Ⅳ　営　業　外　収　益			
1　受　取　利　息		50,000	
2　有価証券評価益		40,000	90,000
Ⅴ　営　業　外　費　用			
1　支　払　利　息		60,000	
2　有価証券売却損		180,000	240,000
経　　常　　利　　益			850,000
Ⅵ　特　　別　　利　　益			
1　固定資産売却益			400,000
Ⅶ　特　　別　　損　　失			
1　災　　害　　損　　失			250,000
税引前当期純利益			1,000,000
法人税、住民税及び事業税			300,000
当　期　純　利　益			700,000

貸借対照表

資産の部は、流動資産、固定資産からなります。

株主資本と評価・換算差額等からなる、純資産の部の期中のお金の動きをまとめたものが株主資本等変動計算書です。

貸借対照表

○○株式会社　　　　　　　　　○2年3月31日現在　　　　　（単位：円）

資　産　の　部			負　債　の　部		
I 流動資産			I 流動負債		
現　金　預　金		1,010,000	買　掛　金		800,000
売　掛　金	1,000,000		短期借入金		200,000
貸倒引当金	△30,000	970,000	未　払　費　用		30,000
有　価　証　券		500,000	未払法人税等		300,000
商　　　品		400,000	流動負債合計		1,330,000
前　払　費　用		40,000	II 固　定　負　債		
流動資産合計		2,920,000	長　期　借　入　金		1,000,000
II 固　定　資　産			退職給付引当金		670,000
1 有形固定資産			固定負債合計		1,670,000
建　　　物	3,000,000		負　債　合　計		3,000,000
減価償却累計額	△900,000	2,100,000	純　資　産　の　部		
備　　　品	800,000		I 株　主　資　本		
減価償却累計額	△320,000	480,000	1 資　本　金		5,000,000
土　　　地		2,000,000	2 資　本　剰　余　金		
2 無形固定資産			資　本　準　備　金	700,000	
の　れ　ん		450,000	その他資本剰余金	100,000	
3 投資その他の資産			3 利　益　剰　余　金		
投資有価証券		1,250,000	利　益　準　備　金	70,000	
長期貸付金		1,000,000	別　途　積　立　金	320,000	
固定資産合計		7,280,000	繰越利益剰余金	1,350,000	
			株主資本合計		7,150,000
			II 評価・換算差額等		
			その他有価証券評価差額金		50,000
			評価・換算差額等合計		50,000
			純資産合計		7,200,000
資産合計		10,200,000	負債及び純資産合計		10,200,000

株主資本等変動計算書

貸借対照表の純資産がどう動いたかを、その理由とともに記します。

貸借対照表と株主資本等変動計算書はかなり近い決算書だよ

株主資本等変動計算書
自○1年4月1日　至○2年3月31日　　　　　　　（単位：円）

	株　主　資　本						評価・換算差額等	純資産の部合計
	資本金	資本剰余金		利益剰余金			その他有価証券評価差額金	
		資本準備金	その他資本剰余金	利益準備金	その他利益剰余金			
					別途積立金	繰越利益剰余金		
当期首残高	4,500,000	200,000	100,000	50,000	240,000	560,000	40,000	5,690,000
当期変動額								
新株の発行	500,000	500,000						1,000,000
剰余金の配当				20,000	80,000	△300,000		△200,000
当期純利益						700,000		700,000
株主資本以外の項目の当期変動額							10,000	10,000
当期変動額合計	500,000	500,000	0	20,000	80,000	400,000	10,000	1,510,000
当期末残高	5,000,000	700,000	100,000	70,000	320,000	960,000	50,000	7,200,000

基本　仕訳　勘定　決算

② 決算書の仕組み　難易度 ★★★　決算

キャッシュ・フロー計算書、資金繰り表

会社のお金の流れを知るには、欠かせない資料になります。

現金の増減を記すキャッシュ・フロー計算書

　キャッシュ・フロー計算書は、大企業しか作成義務はありません。しかし、経営を行っていくうえでとても役立つ決算書のひとつなので、作成している中小企業もたくさんあります。

　キャッシュ・フロー計算書は、会社の資金の動きをあらわした表で、大きくは「営業活動によるキャッシュ・フロー」「投資活動によるキャッシュ・フロー」「財務活動によるキャッシュ・フロー」の3つの区分で構成されています。前期末と当期末の貸借対照表の現金を見れば、現金がどれだけ増減したかはわかります。しかし、その理由まではわからないので、どのようなことに資金が使われたかを把握するために、キャッシュ・フロー計算書は作成されるのです。

・キャッシュ・フロー計算書の概要・

キャッシュ・フロー計算書の作成は、ほかの決算書のように仕訳や勘定から作成するのではなく、貸借対照表と損益計算書の数値を用いて作成します。

·キャッシュ・フロー計算書のサンプル·

営業活動によるキャッシュ・フロー(営業CF)には、商売上のお金の出入りが記載されます。商品を売ったことで、いくらお金が入ってきたか、商品を購入したことでいくらお金が出ていったかなどが、ここに記載されています。

投資活動によるキャッシュ・フロー(投資CF)には、資金運用上のお金の出入りが記載されます。株を購入したり、固定資産に投資して商売の拡大をはかったりするケースなどです。

キャッシュ・フロー計算書
自○1年4月1日　至○2年3月31日　　（単位：円）

Ⅰ. 営業活動によるキャッシュ・フロー		
税引前当期純利益		1,000,000
減価償却費		250,000
貸倒引当金の増加額		10,000
受取利息及び配当金	△	50,000
支払利息		60,000
有価証券評価益	△	40,000
有価証券売却損		180,000
固定資産売却益	△	400,000
災害損失		250,000
売上債権の増加額	△	300,000
棚卸資産の減少額		100,000
仕入債務の増加額		160,000
小　計		1,220,000
利息及び配当金の受取額		50,000
利息の支払額	△	60,000
法人税等の支払額	△	500,000
営業活動によるキャッシュ・フロー		710,000
Ⅱ. 投資活動によるキャッシュ・フロー		
有価証券の取得による支出	△	400,000
有価証券の売却による収入		300,000
有形固定資産の取得による支出	△	1,200,000
有形固定資産の売却による収入		1,000,000
投資活動によるキャッシュ・フロー	△	300,000
Ⅲ. 財務活動によるキャッシュ・フロー		
短期借入れによる収入		200,000
短期借入金の返済による支出	△	150,000
長期借入れによる収入		400,000
長期借入金の返済による支出	△	300,000
配当金の支払額	△	200,000
財務活動によるキャッシュ・フロー	△	50,000
Ⅳ. 現金及び現金同等物の増加額		360,000
Ⅴ. 現金及び現金同等物の期首残高		650,000
Ⅵ. 現金及び現金同等物の期末残高		1,010,000

財務活動によるキャッシュ・フロー（財務CF）には、資金調達上のお金の出入りが記載されます。銀行からお金を借りていくら増えたか、銀行にお金を返済していくら減ったかといったことが記載されるのです。

3つのキャッシュ・フローの合計額に期首の現金などを加えるよ

ちなみに…　キャッシュ・フロー計算書のどの区分がプラスになっていて、どの区分がマイナスになっているかを組み合わせると、会社の成長・衰退などがわかるようになります。

各月末の資金残高がわかる資金繰り表

決算書ではないのですが、会社は資金繰り表というものを作成することも多いです。資金繰り表はキャッシュ・フロー計算書と似たような書面で、予算ベース（予想ベース）のものと実績ベース（実際の結果）のものがあります。

·資金繰り表のサンプル·

過去の実績から推測した予算と、実際の月の実績を比較しての達成率。

資金繰り表は資金が不足するタイミングを知るのが目的なので、予想の数値が大事だよ

営業で得られた収入から営業で出ていった支出を引くことで、収支を求めます。

翌月繰越は、月末に残った資金であり、前月繰越金として翌月に繰り越されることになります。

資金繰り表 （単位：千円） 〇〇年5月

予算・実績		予算 金額	予算 備考	実績 金額	実績 備考	達成率 (%)
前月繰越金 (A)		400		600		150
営業収入 売上	現金売上	2000		2300		115
	売掛金回収額	200		150		75
	手形期日入金	300		200		66.7
	雑収入	100		150		150
	その他	100		80		80
入金合計 (B)		2700		2880		107
営業支出 仕入	仕入支払	1200		1400		117
	買掛金支払	400		500		125
	支払手形期日	100		100		100
経費	人件費	800		800		100
	支払利息	50		50		100
	リース料	80		80		100
	地代	100		100		100
	その他経費	150		100		66.7
設備	機械・車両	80		100		125
その他						
支出合計 (C)		2960		3280		109.1
差引収支過不足 (A)+(B)-(C)		140		200		178.6
資金調達	長期借入金	500		500		100
	当座貸越	100		80		80
	手形割引	30		30		100
	資金調達合計	630		610		96.8
資金返済	長期借入返済	20		20		100
	当座貸越返済	10		10		100
	資金返済合計	30		30		100
差引当月収支		600		580		96.7
翌月繰越		740		830		112.2
備 考						

1年の最初の段階で、各月の月初の資金残高に、その月の予想資金収支を足したり引いたりして、各月末の残高を予想していきます。

資金繰り表作成と活用の流れ

前期末		月初		月末		活用
運転資金の流れを過去の実績で予測（借入金の返済額などの支払額および支払時期）の支払額	⇨	運転資金の月初残高の把握	⇨	実際に入出金の金額を記入して資金繰り表を完成	⇨	資金繰りの改善に活用

資金繰り表を
作成することで
資金不足に陥る危機を
回避するんだよ

資金繰り表は、更新したり確認したりを定期的に繰り返していきます。

　資金繰り表を作成することによって、各月末の資金残高（次月の月初残高）がわかるので、お金がなくなってしまう**資金ショート**にならないかを常に確認することができます。もし、**資金ショート**しそうになったら、あらかじめ銀行に相談して、運転資金の借入れを行うことを検討するのです。

　ですから、**資金繰り表**は、資金の少ない会社にとっては、とても大事な書類といえます。

さらに詳しく
資金繰り表に決まったフォームはない！

　決算書のひとつであるキャッシュ・フロー計算書は大企業において作成、公表の義務があるので、定められたフォームが存在します。ですが、決算書でない資金繰り表は、公表することはないので、特に決まったフォームというものはありません。

　ですので、会社ごとに使いやすいフォームを作成して、利用すればよいのです。

基本

仕訳 ↑↓

勘定

決算

年次の決算書が完成するまで

決算書を完成させるタイミングと、その流れを見ていきましょう。

決算書作成のタイミング

　年次決算では、これまで日々行ってきた仕訳をベースに、最終的な決算書を完成させていきます。

　年次決算では、さまざまな修正や調整が入ってくるので、完成したと思っても数字が動いてしまい、そのつど税金の計算の修正をかけなければならなくなったりするので、会社の経理部門では1年で一番バタバタするところです。

　会社は、事業年度ごとに決算業務を行って、税務署に確定申告をする必要があります。確定申告とは、1年間で利益がどれだけ出て、税金をいくら納めるかを税務署に報告することです。この確定申告は、決算日の翌日から2か月以内にしなければなりません。

　つまり、確定申告に間に合わせなければならないため、決算書の作成時期も確定申告の期限と同じということになります。

・決算書作成のスケジュール・

期末で帳簿を締め切って（期日内の取引の記録を完了）、2か月以内で作成します。

例えば、3月末で事業年度が終わったのであれば、5月末までには決算書を作成しておく必要があります。事業年度は会社によって異なりますが、2か月間での作業ということは同じです。

限られた時間で作成するためにも、事前準備をしっかり行い、スケジュールに余裕をもって取り組むことが重要です。

決算書作成の流れ

決算書は、これまでの仕訳に決算整理仕訳を加えることによって、最終的な決算書が完成します。決算書完成までの流れは、およそ次のようになります。

前期分の決算書なども、一緒に用意しておくと参考になるよ

・決算書作成までの流れ・

1 書類や、銀行通帳のコピーを用意

決算整理仕訳に必要な請求書などの書類や、銀行通帳のコピーを用意。仕訳がすでに済んでいる書類も、不明点が出た際につきあわせられるよう準備しておく。

2 税金以外の決算整理仕訳を行う

書類などがそろったら、貸倒引当金や減価償却費、仮払金や仮受金といったものの決算整理仕訳を行う。

3 税金の計算を行う

法人税等と消費税の計算を行い、算出された金額の仕訳を行う。

4 決算書を作成

決算の残高を確定させたら、決算書である損益計算書や貸借対照表を完成させる（→ P196）。

④ 年次決算　　　難易度 ★★★　決算 📄

1年の総まとめ
決算整理仕訳

1年の総まとめなので、やるべきことはたくさんあります。

決算書を作成するのに必要な仕訳

　月次決算で、月末に行う仕訳について説明しましたが、期末の年次決算でも1年の最後に行う特別な仕訳があります。これを決算整理仕訳といいます。もし月次決算を行っていなければ、月次決算で月末に行う特別な仕訳、例えば売上原価の計算（➡ P150）や減価償却費の計上（➡ P154）なども、1年の最後の決算整理仕訳で行います。

・月次決算と年次決算・

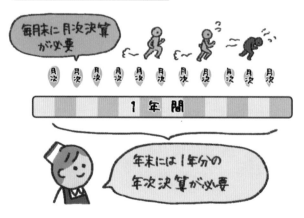

月次決算を行っていれば、1年の最後に行う決算整理仕訳の手間を減らすことができます。ですが、それでも年次ならではの決算整理仕訳もあるため、経理の実務としては普段よりも煩雑になります。

　また月次決算を行っていても、減価償却費の計上などで、年次と多少のズレが生じる場合もあるので、月次決算と年次決算のズレの調整を行うこともあります。

　年次決算での決算整理仕訳は、おもに次のようなものがあります。

・おもな年次の決算整理仕訳・

「現金過不足」の処理	帳簿上の現金と、実際の現金の金額が違うときに使うのが現金過不足。これは一時的な科目なので、期末になくす必要がある。
「貸倒引当金」の設定（➡P188）	取引先の倒産などによる貸倒損失（売掛金が回収できないこと）によるリスクに備えるため、損失になるかもしれない金額を予想して、あらかじめ計上しておく必要がある。
「退職給付引当金」の設定	将来、従業員が退職するときに支払う退職金のうち、当期に負担すべき金額を計算し、当期の費用として計上する必要がある。
「仮払金、仮受金」の精算	内容や金額がわからないうちに支払ったお金が仮払金で、内容や金額がわからないうちに受け取ったお金が仮受金。これらは、期末には本来の勘定科目に振り替えなければならない。
「貯蔵品」の計上	切手や収入印紙など、使い切れなかった消耗品などが残ったときの勘定科目が貯蔵品。これらを適正に計上し直す必要がある。
「法人税等」の仕訳（➡P192）	税引前の利益を求めて、法人税を計算して、法人税に関する仕訳を行う。
「消費税」の仕訳（➡P194）	課税対象の事業者は、年次決算時に税務署に納めるため、消費税を計算して仕訳する。

次ページからおもな仕訳を紹介していくよ

月次決算で出てきた売上原価や減価償却費なども決算整理仕訳だったわよね

　1年の一番最後で、上記のような仕訳を行うことによって、年次の貸借対照表、損益計算書といった決算書が作成されます。

　この後、仕訳で注意が必要な、いくつかの年次の決算整理仕訳について説明していきます。

　ちなみに…　決算書を作成するための最後の大きな仕事が決算整理仕訳であり、この仕訳がもれなく行うことができれば決算書完成も間近です。

決算整理仕訳❶
貸倒損失、貸倒引当金の設定

実際の会社間の取引では、取引先の倒産リスクもあります。

取引先の会社が倒産したときの仕訳

　売掛金は、相手を信用して商品代金の支払いを後にするというものでした。もちろん、ほとんどの取引先は約束通りにお金を支払ってくれますが、取引先の会社の業績が厳しくなれば、お金を支払ってくれないということもあります。

　督促をしてお金を支払ってもらえればよいのですが、取引先が倒産してお金を払ってもらえなくなってしまうこともあります。

　このように、売掛金を回収できなくなってしまうことを、貸倒れといいます。

・貸倒れのケース・

請求書の期日になっても振りこまれないと思ったら

倒産!?

貸倒れは会社にとって損失であり、経営的に大きなマイナスとなります。

　例えば、得意先が倒産して売掛金 300,000 円を回収することができなくなってしまったとします。この場合、売掛金はもう回収できないので、帳簿からなくしてしまう必要があります。

売掛金をなくす仕訳を見てみましょう。左側は、貸倒れによって損をしたことになるので、貸倒損失という費用グループの勘定科目を計上します。売掛金は資産グループです。

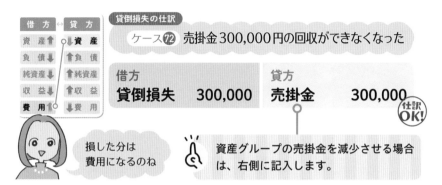

借方　貸方
資産⬆○⬅貸方資産
負債⬇　⬆負債
純資産⬇　⬆純資産
収益⬇　⬆収益
費用⬆○　⬇費用

貸倒損失の仕訳
ケース72 売掛金300,000円の回収ができなくなった

借方		貸方	
貸倒損失	300,000	売掛金	300,000

仕訳OK!

損した分は費用になるのね

資産グループの売掛金を減少させる場合は、右側に記入します。

取引先の会社の倒産に備える

会社は、このような貸倒れに備えて、あらかじめ貸倒引当金というものを設定しておくことがあります。貸倒引当金の設定は、年次決算で行います。

売掛金のある取引先の経営が苦しそうだと判断したときに、あらかじめ貸倒引当金を設定し、費用を前倒しで計上しておくのです。少し難しいので詳細は省きますが、こうすることによって、正しい利益の計算ができるようになるということは理解しておきましょう。

・貸倒引当金の考え方・

貸倒引当金で、貸倒れが発生したときの損失のダメージをやわらげることができます。

売掛金が発生　　貸倒れが発生
前期　　　　当期

期末 貸倒引当金を設定　　期末 貸倒引当金の減少

ちなみに… 貸倒れが生じないようにするためにも、日頃から取引先の財務状況を確認しておく必要があるのです。

例えば、100,000円の貸倒引当金を設定するとします。貸倒引当金は売掛金のマイナスという意味合いがあります。ですから、貸倒れによって売掛金が減ってしまった場合と同じように、貸倒引当金の設定時も仕訳で右側に記入します。

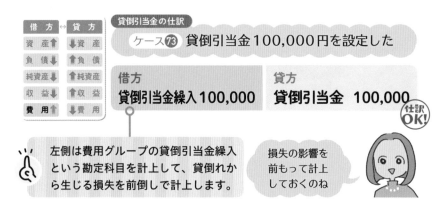

借方 ↔ 貸方

資産↑	↓資産
負債↓	↑負債
純資産↓	↑純資産
収益↓	↑収益
費用↑	↓費用

貸倒引当金の仕訳

ケース73 貸倒引当金100,000円を設定した

借方
貸倒引当金繰入 100,000

貸方
貸倒引当金 100,000

仕訳OK!

左側は費用グループの貸倒引当金繰入という勘定科目を計上して、貸倒れから生じる損失を前倒しで計上します。

損失の影響を前もって計上しておくのね

貸借対照表では、貸倒引当金は売掛金から控除する形式で記載します。このような処理をすることによって、貸借対照表上の売掛金の最終的な金額は、理論上では本当に回収できる見込みのあるものだけが計上されることになります。

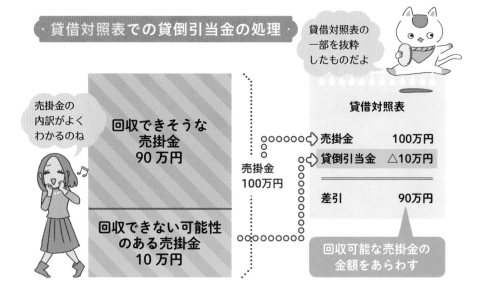

貸借対照表での貸倒引当金の処理

貸借対照表の一部を抜粋したものだよ

売掛金の内訳がよくわかるのね

回収できそうな売掛金
90万円

売掛金
100万円

回収できない可能性のある売掛金
10万円

貸借対照表

売掛金	100万円
貸倒引当金	△10万円
差引	90万円

回収可能な売掛金の金額をあらわす

貸倒れが発生したときの仕訳

　翌期になって、実際に貸倒れになったときには、次のケース74のような仕訳を行います。なお、貸倒引当金は資産や負債、費用や収益などといったグループには属さず、貸倒れの際の仕訳では左側に書くので注意しましょう。

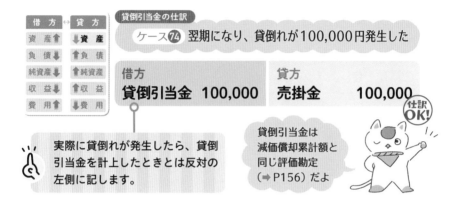

借　方	→	貸　方
資　産⬆		⬇資　産
負　債⬇		⬆負　債
純資産⬇		⬆純資産
収　益⬇		⬆収　益
費　用⬆		⬇費　用

貸倒引当金の仕訳

ケース74 翌期になり、貸倒れが100,000円発生した

借方	貸方
貸倒引当金 100,000	売掛金 100,000

実際に貸倒れが発生したら、貸倒引当金を計上したときとは反対の左側に記します。

貸倒引当金は減価償却累計額と同じ評価勘定（➡P156）だよ

仕訳OK!

　このとき、損失はすでに前倒しで計上しているので、損失が計上されることはありません。

さらに詳しく

貸倒引当金は回収可能性で計算！

　貸倒引当金を設定するときは、売掛金などが回収できる可能性に応じて3つに分類し、それぞれ異なる計算を行います。3つの分類は、一般債権、貸倒懸念債権、破産更生債権等です。

　一般債権は、これまで約束通りにお金を支払ってくれている取引先に対する売掛金などです。貸倒懸念債権は、「資金繰りが苦しいので支払いの期日をちょっと伸ばしてもらえませんか？」などといってくるような相手に対する債権などです。破産更生債権等は倒産した会社に対する売掛金などのことです。

ちなみに… 　貸倒引当金を設定しておけば、実際に貸倒れが発生した際に費用が計上されないという点がポイントです。

決算整理仕訳❷
法人税等の仕訳

いよいよ決算書作成の最終局面になります。

法人税が確定したときの仕訳

　決算書を作成していく中で、1年間の利益の金額が明らかになったら、それにもとづいて、法人税等の計算を行います。

　法人税等の計算は課税所得というものに税率を掛けて計算します。利益そのものに対して税率を掛けるわけではないので注意しましょう。

　法人税等の計算は少し難しいので、中小企業では税理士にお願いしているケースが多いです。

・法人税算出までの流れ・

① 決算作業より損益計算書を作成 ― 収益から費用を引いていって利益を確定させる。

② 課税所得を算出 ― 利益から税法上の損金や益金を調整して課税所得を計算する。

③ 法人税率が決定 ― 課税所得等によって異なる法人税率を選択する。

④ 法人税額を確定 ― 課税所得に法人税率を掛けて法人税額を計算する。

まず損益計算書を作らないとならないのね

課税所得の算出は少し難しいよ

簿記上は、法人税等の金額が決まれば、仕訳を行うことになります。

例えば、1年間の法人税等の金額が400,000円で確定したとします。この金額を費用グループである法人税等という勘定科目を用いて仕訳します。そして、この金額を今後、税務署に納めることになるので、未払法人税等が発生することになります。後で税務署に納めることになるので、未払法人税等は負債グループになります。

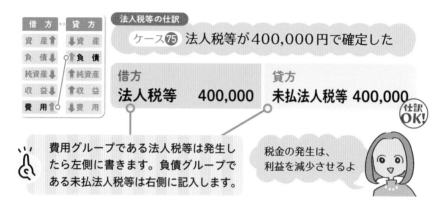

法人税等の仕訳

ケース**75** 法人税等が400,000円で確定した

借方	貸方
法人税等 400,000	未払法人税等 400,000

費用グループである法人税等は発生したら左側に書きます。負債グループである未払法人税等は右側に記入します。

税金の発生は、利益を減少させるよ

法人税を支払ったときの仕訳

そして、確定した税金を税務署に現金で納めたのであれば、次のケース76のように仕訳を行います。負債グループの未払法人税等を減少させます。

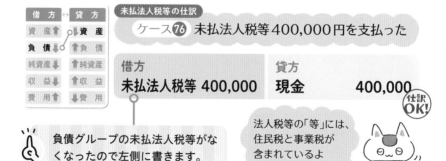

未払法人税等の仕訳

ケース**76** 未払法人税等400,000円を支払った

借方	貸方
未払法人税等 400,000	現金 400,000

負債グループの未払法人税等がなくなったので左側に書きます。

法人税等の「等」には、住民税と事業税が含まれているよ

ちなみに… 税金の計算を税理士にお願いしたとしても、仕訳をするのは経理ですから、仕訳方法はしっかりと覚えておきましょう。

決算整理仕訳❸
消費税の仕訳

消費税は、会社では毎年必ず発生する税金です。

仮払消費税勘定と仮受消費税勘定

　年次決算では、法人税等のほかにも、税務署に納める消費税の金額も計算する必要があります。期中において、自社が商品を購入して仕入先などに支払った消費税は、資産グループに属する仮払消費税勘定に計上されています。また、自社が商品を販売して得意先から受け取った消費税は、負債グループに属する仮受消費税勘定に計上されています。似ていますが、違うものなので注意しましょう。

・仮払消費税と仮受消費税・

この消費税は
仮受消費税勘定になる

この消費税は
仮払消費税勘定になる

仕入先

客

仕入などにともなう消費税が仮払消費税であり、売上などにともなう消費税が仮受消費税と言いかえることができます。

　そこで、年次決算においては、仮払消費税と仮受消費税を相殺（プラス分とマイナス分を差し引き）して、税務署に納めることになる未払消費税の計算を行います。

消費税を支払ったときの仕訳

　例えば、期中において**仮払消費税**勘定 1,200,000 円、**仮受消費税**勘定 1,500,000 円が計上されていたとします。

　これを年次決算で相殺(そうさい)するので、仕訳で右側に**仮払消費税**勘定を計上し、左側に**仮受消費税**を計上します。そして、差額の 300,000 円を**未払消費税**勘定として**右側に計上**します。

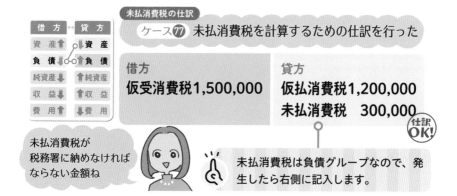

未払消費税の仕訳

ケース77　未払消費税を計算するための仕訳を行った

借方	貸方
仮受消費税1,500,000	仮払消費税1,200,000 未払消費税　300,000

仕訳OK!

未払消費税が
税務署に納めなければ
ならない金額ね

未払消費税は負債グループなので、発生したら右側に記入します。

　そして、消費税を税務署に現金で納めたときは、次の**ケース 78** のような仕訳を行います。**未払消費税**は、**負債グループ**になります。

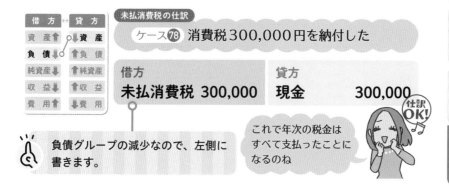

未払消費税の仕訳

ケース78　消費税 300,000 円を納付した

借方	貸方
未払消費税　300,000	現金　　　　300,000

仕訳OK!

負債グループの減少なので、左側に
書きます。

これで年次の税金は
すべて支払ったことに
なるのね

　なお、**消費税の納付**は、税務署への申告が終わった後の話ですので、この段階では**年次決算書**はすでに完成していることになります。

ちなみに…　法人税は、利益が発生しなければ納付する必要はありませんが、消費税は通常、利益が出ていなくても納付する必要があります。

⑧ 決算書の作成　　難易度 ★★★ 決算

決算書が完成するまでの3ステップ

決算書作成までの大きな仕組みを確認しておきましょう。

勘定→試算表→決算書という流れ

　仕訳から決算書を作成するまでを見ていきましょう。流れとしては、仕訳を勘定に転記し（ステップ1）、勘定から試算表を作成（ステップ2）、試算表から貸借対照表および損益計算書を作成（ステップ3）というものになります。

第1章（➡ P38）で見てきた勘定の作成方法をおさらいするよ

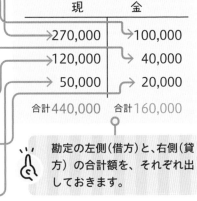

勘定への転記（ステップ1）

仕訳

借方		貸方	
現金	270,000	売上	270,000
前払金	100,000	現金	100,000
仕入	40,000	現金	40,000
現金	120,000	売上	120,000
交通費	20,000	現金	20,000
現金	50,000	普通預金	50,000

仕訳の左に書いてある現金の金額を勘定の左に書いて、仕訳の右に書いてある金額を勘定の右に書いていきます。

勘定

現	金
270,000	100,000
120,000	40,000
50,000	20,000
合計440,000	合計160,000

勘定の左側（借方）と、右側（貸方）の合計額を、それぞれ出しておきます。

すべての勘定を転記したら、それをもとに試算表を作成します。

・試算表の作成（ステップ２）・

❶ 現　　金	
270,000	100,000
120,000	40,000
50,000	20,000
合計 440,000	合計 160,000

❷ 売　掛　金	
100,000	120,000
150,000	
合計 250,000	合計 120,000

合計残高試算表であれば、各勘定の左側（借方）と右側（貸方）の合計金額をそれぞれ転記します。

表の両端は、それぞれの勘定の左側と右側の差額（残高）を書きます。この表の❶現金ならば、440,000 − 160,000 で借方 280,000 になります。

試算表にはすべての勘定科目が集約されるのね

合　計　残　高　試　算　表

借方残高	借方合計	勘定科目	貸方合計	貸方残高
280,000	440,000	❶現　　　　　金	160,000	
130,000	250,000	❷売　　掛　　金	120,000	
	100,000	❸買　　掛　　金	200,000	100,000
		❹資　　本　　金	250,000	250,000
		❺繰越利益剰余金	50,000	50,000
		❻売　　　　　上	200,000	200,000
150,000	150,000	❼仕　　　　　入		
40,000	40,000	❽給　　　　　料		
600,000	980,000		980,000	600,000

❸ 買　掛　金	
100,000	70,000
	130,000
合計 100,000	合計 200,000

❹ 資　本　金	
	250,000
合計　　0	合計 250,000

❺ 繰越利益剰余金	
	50,000
合計　　0	合計 50,000

❻ 売　　上	
	150,000
	50,000
合計　　0	合計 200,000

❼ 仕　　入	
130,000	
20,000	
合計 150,000	合計　　0

❽ 給　　料	
40,000	
合計 40,000	合計　　0

試算表が完成したら、決算整理仕訳（→ P188 〜）を反映した後、決算書である貸借対照表と損益計算書を作成していきます。以下の簡易的な貸借対照表と損益計算書を作成するケースで見てみましょう。

具体的には、試算表の内容を、損益計算書と貸借対照表それぞれに書き写していきます。

決算書の作成（ステップ３）

試算表は、前のページのものとは別の内容になるよ

試 算 表

両端の借方残高と貸方残高を使うのね

試算表の貸借対照表に当てはまる資産、負債、純資産の勘定科目の金額と、損益計算書に当てはまる収益と費用の勘定科目の金額をまとめていきます。

合 計 残 高 試 算 表
○2年3月31日

借方残高	借方合計	勘定科目	貸方合計	貸方残高
120,000	265,000	現　　　　金	145,000	
670,000	3,007,000	当 座 預 金	2,337,000	
350,000	2,060,000	売 　掛 　金	1,710,000	
	6,000	貸 倒 引 当 金	13,000	7,000
150,000	270,000	繰 越 商 品	120,000	
15,000	15,000	前 払 保 険 料		
2,000	2,000	未 収 手 数 料		
600,000	600,000	建　　　　物		
		建物減価償却累計額	270,000	270,000
200,000	300,000	備　　　　品	100,000	
	75,000	備品減価償却累計額	125,000	50,000
	1,260,000	買 　掛 　金	1,500,000	240,000
	600,000	借 　入 　金	1,000,000	400,000
		未 払 営 業 費	20,000	20,000
		資 　本 　金	800,000	800,000
		繰越利益剰余金	200,000	200,000
		売　　　　上	1,660,000	1,660,000
		受 取 手 数 料	150,000	150,000
		固定資産売却益	40,000	40,000
1,220,000	1,370,000	仕　　　　入	150,000	
240,000	240,000	給　　　　料		
120,000	120,000	営 　業 　費		
60,000	60,000	支 払 地 代		
30,000	45,000	支 払 保 険 料	15,000	
5,000	5,000	貸倒引当金繰入		
43,000	43,000	減 価 償 却 費		
12,000	12,000	支 払 利 息		
3,837,000	10,355,000		10,355,000	3,837,000

損益計算書で計算した当期純利益は、貸借対照表の繰越利益剰余金にもっていきます。これで決算書が完成します。

貸借対照表

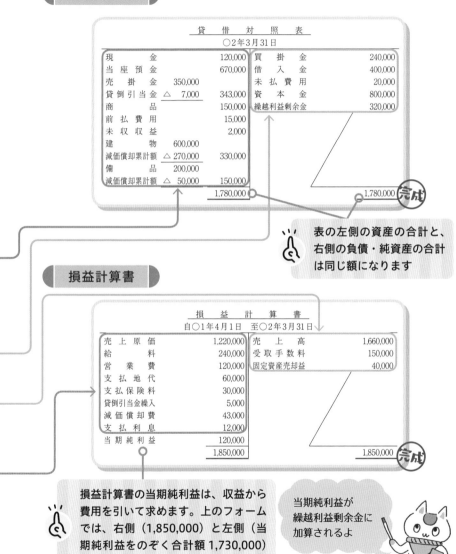

貸　借　対　照　表 ○2年3月31日				
現　　　金		120,000	買　掛　金	240,000
当 座 預 金		670,000	借　入　金	400,000
売　掛　金	350,000		未 払 費 用	20,000
貸 倒 引 当 金	△ 7,000	343,000	資　本　金	800,000
商　　　品		150,000	繰越利益剰余金	320,000
前 払 費 用		15,000		
未 収 収 益		2,000		
建　　　物	600,000			
減価償却累計額	△ 270,000	330,000		
備　　　品	200,000			
減価償却累計額	△ 50,000	150,000		
		1,780,000		1,780,000

表の左側の資産の合計と、右側の負債・純資産の合計は同じ額になります

損益計算書

損　益　計　算　書 自○1年4月1日　至○2年3月31日			
売 上 原 価	1,220,000	売　上　高	1,660,000
給　　　料	240,000	受 取 手 数 料	150,000
営　業　費	120,000	固定資産売却益	40,000
支 払 地 代	60,000		
支 払 保 険 料	30,000		
貸倒引当金繰入	5,000		
減 価 償 却 費	43,000		
支 払 利 息	12,000		
当 期 純 利 益	120,000		
	1,850,000		1,850,000

損益計算書の当期純利益は、収益から費用を引いて求めます。上のフォームでは、右側（1,850,000）と左側（当期純利益をのぞく合計額1,730,000）の合計の差で求められます。

当期純利益が繰越利益剰余金に加算されるよ

ちなみに… 決算書が完成したら、会社の取締役会で承認を受け、その後に開かれる株式会社で最上位に位置する意思決定機関の株主総会でも承認を受ける必要があります。

法人税・住民税・事業税の確定申告

法人税の申告では、会社で作成した決算書が必要になります。

法人税の申告

　決算書ができあがったら、税務署に提出することになります。この税務署に申告することを確定申告といい、その際に税務申告書も合わせて提出します。

　税務申告書のうち、まず法人税については、決算書のほかに申告書、別表、勘定科目内訳明細書、法人事業概況説明書を作成します。法人税の知識も必要になるので、税理士に作成を依頼する中小企業が多いです。

·法人税の申告書·

税務署で手に入れられるけど、インターネットでも入手可能だよ

申告書

法人事業概況説明書

住民税・事業税の申告

　次に住民税ですが、会社が納める住民税は法人住民税といい、都道府県と市区町村に納めます。なお、法人住民税のように都道府県や市区町村に納める税金のことを、国に治める税金と区分して地方税といいます。

　住民税も、法人税ほどではありませんが、何枚か書類を書いて提出することになります。都道府県に対するものは県税事務所などに提出して、市区町村に対するものは市役所などに提出します。

　また、事業税も地方税であり、都道府県に納めます。ですから、都道府県に納める法人住民税と一緒に、申告書を書いて提出することになります。

・会社の税金の種類と納税先・

赤字の場合は法人税はかからないんだって

法人税
法人が事業活動を通じて得た各事業年度の所得にかかる税金。

納付先	国（税務署）
必要な書類	申告書、決算書、別表、勘定科目内訳明細書、法人事業概況説明書など

住民税
自治体の公的サービスを享受していることより、法人の事業所がある地方自治体に納める税金。

納付先	都道府県および市区町村
必要な書類	申告書

事業税
地方自治体が事業を行う法人に負担を課している税金。

納付先	都道府県
必要な書類	申告書

ちなみに… 税務申告書の作成は数も多く、提出する場所も税金の種類によって異なるので、経理にとっては大変な作業のひとつです。

消費税の確定申告

消費税の申告では、売上に応じて2つの計算方法があります。

消費税を申告する

　法人税・住民税・事業税の確定申告は、提出する場所は異なりますが、いずれも会社の所得に対して税金を計算するので、同じタイミングで行うことになります。しかし、消費税の場合は、預かった消費税から支払った消費税を差し引いて納める金額が決まるので、法人税・住民税・事業税とは分けて計算していきます。

·消費税の申告書·

消費税にも別表と呼ばれるメインとなる書類以外の書類が存在しますが、法人税ほど多くはありません。

消費税の申告書に決算書は添付するのかしら？

この申告書に税額の計算と消費税額を記入すれば決算書は不要だよ

なお、消費税の計算方法に関しては、本則の方法に加えて売上高に応じたかんたんな計算方法もあります。

·消費税の2つの計算方法·

本則課税

課税売上や課税仕入などにかかる消費税額の正確な値が必要。取引によって異なる税額や税が課せられないものも区分して算出する。

消費税納付額 ＝ {(課税売上高 × 10%) ＋ (課税売上高 × 8%)} － {(課税仕入高 × 10%) ＋ (課税仕入高 × 8%)}

> 計算式は覚えなくてもいいけど紹介しておくね

簡易課税

課税仕入などの消費税額の計算を簡素化したもので、事業種別の「みなし仕入率」を使って消費税納付額を確定する。例）小売業＝80％、不動産業＝40％

消費税納付額 ＝ {(課税売上高 × 10%) ＋ (課税売上高 × 8%)} － (課税売上高の消費税額 × みなし仕入率) ※課税売上高が5,000万円以下で届出書を提出している事業者

納税義務自体がない場合もあります。これに該当するのは、基本的に前々年度の売上（課税売上高）が 1,000 万円以下の会社です。

·納税義務の基準·

前々年度の売上高が…

> 消費税が課せられるかどうかは2年前の売上次第だよ

| 1,000 万円超 | ০০০০⇨ | **納税義務あり** |
| 1,000 万円以下 | ০০০০⇨ | **納税義務なし** |

※例外もあり。

また、前の年の消費税の納付額が 48 万円未満ならば、その次の年は決算後に一度の支払いでよいのですが、前年に多額の消費税を納付している会社は、その次の年は年数回に分けて納付することになります。

 ちなみに…　消費税は前々年度の売上に応じて納付するか否かが決まるので、例外もありますが、通常、会社設立後 2 年間は、消費税を納付する義務はありません。

決算書を 発表（公告）する

決算書が完成したら、利害関係者に報告する必要があります。

3種類の決算公告の方法

　ここまでの一連の作業が完了したら、最後に決算書を世の中に対して発表します。これを決算公告といいます。

　決算公告は、大企業であれば貸借対照表と損益計算書の両方について発表しますが、中小企業の場合は、貸借対照表のみでよいことになっています。

　本来、決算公告は株式会社であれば必ず行わなければならない義務であり、会社法という法律でそれが規定されています。しかし、決算公告を行っていない会社はとても多いのが実情です。

　小さな会社では、必要な限られた人や組織にだけ報告すればこと足りてしまったり、コストがかかるといったことも理由のひとつです。

　決算公告の方法には、以下の3つがあります。

・決算公告の種類・

官報に掲載	国が発行する唯一の法令公布の機関紙。
日刊新聞に掲載	読者の多さではほかの方法を圧倒。
webサイトに掲載	手軽さが魅力。

決算公告は、取引の安全性を保つのにひと役買っているよ

公告方法によるメリット・デメリット

　いずれの方法も、費用面や掲載範囲や手間ひまの問題などでメリット・デメリットがあります。

　費用面で言えば、webサイト＜官報＜日刊新聞、の順でコストが大きくなります。特に日刊新聞の場合は、ほかの2つと比べて、かなり多額となります。

　なので、費用面で考えればweb掲載（電子公告）が一番低いコストですみます。ただし、web掲載を選んだ場合は、掲載しなければならない内容の範囲が広がります。ほかの2つは要旨の掲載だけでよいことになっていますが、**webは全文掲載が必要になり、また掲載期間も5年間と長期間になります。**

・公告の具体例・

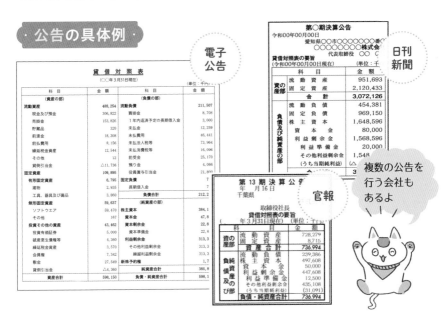

複数の公告を
行う会社も
あるよ

基本
仕訳
勘定
決算

　ですから、掲載範囲や手間の点から考えると web 掲載が一番大変ともいえます。どの方法もメリット・デメリットはさまざまなので、自社の実情に合わせて、どの方法を選ぶかを決める必要があります。

ちなみに…　決算公告を行わないと罰則規定もあるのですが、罰則の適用例もないのが実情です。そういったこともあって、決算公告を行わない会社も少なくありません。

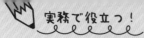

実務で役立つ！ よく使う勘定科目一覧

5つのグループのおもな勘定科目を、それぞれ以下にまとめておきます。

左側 チーム

資 産

増加で左側に仕訳 → 資 産 ⬆ ⬇ 資 産 ← 減少で右側に仕訳

現金	繰越商品	未収入金
小口現金	のれん	受取商品券
当座預金	特許権	差入保証金
普通預金	商標権	仮払消費税
定期預金	貯蔵品	仮払法人税等
仕掛品	有価証券	前払費用
売掛金	前払金	建物
クレジット売掛金	貸付金	建物付属設備
電子記録債権	手形貸付金	車両運搬具
受取手形	短期貸付金	備品
建設仮勘定	立替金	土地
商品	仮払金	ソフトウエア
		長期前払費用

右側 チーム

負 債

減少で左側に仕訳 → 負 債 ⬇ ⬆ 負 債 ← 増加で右側に仕訳

短期借入金	仮受消費税	退職給付引当金
支払手形	未払消費税	長期借入金
買掛金	未払法人税等	社債
未払金	賞与引当金	電子記録債務
前受金	預り金	
仮受金	未払費用	

右側チーム	減少で左側に仕訳	純資産⬇ ⬆純資産	増加で右側に仕訳

純資産

資本金	繰越利益剰余金	資本準備金
利益準備金	その他利益剰余金	任意積立金

右側チーム	減少で左側に仕訳	収　益⬇ ⬆収　益	増加で右側に仕訳

収　益

売上	受取家賃	償却債権取立益
有価証券売却益	受取手数料	固定資産売却益
受取利息	雑益	有価証券利息

左側チーム	増加で左側に仕訳	費　用⬆ ⬇費　用	減少で右側に仕訳

費　用

仕入	保険料	賞与引当金繰入
売上原価	修繕費	荷造運賃
外注費	租税公課	広告宣伝費
役員報酬	減価償却費	接待交際費
給料	研究開発費	会議費
賞与	旅費交通費	新聞図書費
法定福利費	通信費	固定資産売却損
福利厚生費	水道光熱費	雑費
消耗品費	支払手数料	支払利息
事務用品費	有価証券売却損	雑損
支払家賃	貸倒損失	法人税等
賃借料	貸倒引当金繰入	

簿記が楽しくなってきたわ！

みんな、よくがんばったね！

著者 **南 伸一** (みなみ しんいち)

簿記の教室メイプル代表、鹿児島県生まれ。大手監査法人における監査業務を経験したのち1997年に簿記の教室メイプルを開講。20年以上にわたり多くの簿記検定試験合格者を輩出している。また講師業のかたわらで複数の大企業において経理・財務業務等に携わったり、企業の監査役なども務めるなど、豊富な実務経験を持つ。著書に『オールカラー"ギモン"から逆引き! 決算書の読み方』(西東社)など多数。

マンガ **オキ エイコ**

イラストレーター。SNS・書籍でマンガを発信。SNS総フォロワーは10万人超。著書に『ダラママ主婦の子育て記録 なんとかここまでやってきた』(KADOKAWA)がある。
Twitter : @oki_soroe / Instagram : @soroe.handmade

イラスト	オキ エイコ、高橋トオル
デザイン・DTP	Linon (村口敬太)、かわだゆき
校正・校閲	斉藤一美
編集協力	浅井プロダクション
写真提供	Getty Images

イラスト&図解
イチバンやさしい簿記入門

2021年3月10日発行 第1版
2024年4月5日発行 第1版 第5刷

著 者	南 伸一
発行者	若松和紀
発行所	株式会社 西東社
	〒113-0034 東京都文京区湯島2-3-13
	https://www.seitosha.co.jp/
	電話 03-5800-3120 (代)

※本書に記載のない内容のご質問や著者等の連絡先につきましては、お答えできかねます。

ISBN 978-4-7916-2941-1